U0721503

协同育人模式下
高校思想政治教育理论研究

孙 晨 著

九州出版社
JIUZHOUPRESS

图书在版编目（CIP）数据

协同育人模式下高校思想政治教育理论研究 / 孙晨
著. — 北京 : 九州出版社, 2024. 9. — ISBN 978-7
-5225-3306-3

Ⅰ. G641
中国国家版本馆CIP数据核字第2024VU6182号

协同育人模式下高校思想政治教育理论研究

作　　者	孙　晨　著	
责任编辑	赵恒丹	
出版发行	九州出版社	
地　　址	北京市西城区阜外大街甲 35 号（100037）	
发行电话	(010)68992190/3/5/6	
网　　址	www.jiuzhoupress.com	
电子信箱	jiuzhou@jiuzhoupress.com	
印　　刷	武汉鑫金星印务股份有限公司	
开　　本	787 毫米 ×1092 毫米　16 开	
印　　张	13.5	
字　　数	200 千字	
版　　次	2024 年 10 月第 1 版	
印　　次	2024 年 10 月第 1 版印刷	
书　　号	ISBN 978-7-5225-3306-3	
定　　价	79.80 元	

前　言

目前，我国高校对学生的思想道德教育日益重视，立德树人是新时代高校思想政治教育的根本任务，而协同育人是高校思想政治教育质量提升的新途径、新方法。因此，有必要完善高校思想政治教育协同育人机制。基于此，本书主要围绕协同育人模式下高校思想政治教育理论展开研究。

本书一共分为六个章节的内容。第一章为导论，分别从四个方面进行阐述，依次是高校思想政治教育概述、高校思想政治教育协同育人的时代要求、高校思想政治教育协同育人的实践意义、高校思想政治教育协同育人的必要性与可行性分析；第二章为高校思想政治教育协同育人概述，分别从四个方面进行阐述，依次是高校思想政治教育协同育人的发生根源、高校思想政治教育协同育人的理论基础、高校思想政治教育协同育人的内涵、高校思想政治教育协同育人的特征和现状；第三章为高校思想政治教育协同育人的内容，分别从四个方面进行阐述，依次是高校思想政治教育协同主体要素及其关系、媒体融合下高校思想政治教育协同育人机制、"立德树人"视域下高校思想政治教育协同育人机制、"双一流"背景下高校思想政治教育协同育人机制；第四章为高校思想政治教育协同育人机制建设，分别从四个方面进行阐述，依次是高校思想政治教育协同育人机制的内容、高校思想政治教育协同育人机制的构建、高校思想政治教育协同育人机制的效果评价、高校思想政治教育协同育人的驱动及运行机制；第五章为协同育人模式下高校思想政治教育工作，分别从四个方面进行阐述，依次是协同育人模式下高校思想政治教育工作取得的成就、协同育人模式下高校思想政治教育工作存在的问题、协同育人模式下高校思想政治教育工作问题的原因分析、协同育人模式下推进高校思想政治教育工作的路径；第六章为高校思想政治教育协同育人机制分析，分别从四个方面进行阐述，依次是思政课与其他课程须建立协同育人机制、高校辅导员与专业教师协同育人机制构建、大学生党建与思想政治教育协同育人机制、家风建设与高校思想政治教育的协同育人机制。

在撰写本书的过程中，笔者得到了许多专家学者的帮助和指导，参考了大量的学术文献，在此表示真诚的感谢！本书内容系统全面，论述条理清晰，深入浅出。限于作者水平有不足，加之时间仓促，本书难免存在一些疏漏，在此，恳请同行专家和读者朋友批评指正！

目　录

第一章 导 论

本章为导论，分别从四个方面进行阐述，依次是高校思想政治教育概述、高校思想政治教育协同育人的时代要求、高校思想政治教育协同育人的实践意义、高校思想政治教育协同育人的必要性与可行性分析。

第一节 高校思想政治教育概述

一、高校进行思想政治教育的目标

（一）思想素质目标

我们要培养学生坚定贯彻马列主义、毛泽东思想、邓小平理论，明确辩证唯物主义的思想，树立正确的三观，在生活中不断锻炼自己，尝试运用马克思主义的主要手段进行思考和判断；培养集体至上的价值观，批判享乐主义和拜金主义，明确个人利益要奉献于国家利益的思想，对建设富强祖国充满信心和力量。

（二）道德素质目标

教导学生以集体利益为最高利益，个人利益要服从于集体利益，坚信团队合作的重要性和必要性；吃苦耐劳、勤俭节约，在生活学习工作中做到艰苦朴素，避免享乐主义；遵守法律，热爱国家，懂礼貌，讲诚信，为人团结和睦；积极进取，思想要具有正能量，用乐观豁达的心态面对生活，对于事业和学习要充满干劲，秉持着严肃认真的态度，听取各方的意见和建议，努力完善自己的道德修养。

（三）政治素质目标

对于我国的国史和国情要了然于胸，对于我国传统文化的优秀之处要加以发扬和继承，不忘初心，坚持共产党的领导，继承先辈的革命斗争精神和传统，坚决维护祖国统一和团结，将祖国的利益和荣誉放在首位。具有献身祖国、报效人民的思想觉悟，坚定拥护党的领导和国家的政策方针，做忠诚的爱国主义者。

（四）法纪素质目标

要致力于弘扬全民民主法治的风气，自发学习我国宪法，能够做到正确行使公民权利，维护公民利益，履行公民义务。要从根本上培养高校学生的法律意识，教导学生做到自我约束、自我管理，能够运用法律武器做出正确的判断和决策。培养学生的勇气和承担挫折的能力，在内遵守校规校纪，在外遵守社会公德和法律法规，自觉主动地帮助维护学校和社会的正常公共秩序，深刻领悟法治社会的建成需要每个人来努力，要让法治变为信仰融入高校学生的思想道德教育中去，让他们的思想转化为实际行动，让法纪素质教育贯穿始终。

（五）心理素质目标

心理素质是一个人心理过程和心理特征的体现，是衡量每个人在情感、意志、性格、行为等方面的综合标准体系。要培养高校学生形成坚强、自爱的性格，增强他们的抗打击和受压能力，使其具有比较好的自我调节能力，这将有利于高校学生未来的工作、事业、婚姻、家庭等方面的发展，保证他们在遇到挫折时不丧失勇气和信心，不断努力去改善困境，拥有良好的心态，从而拥有良好的人生。

二、新时代下思想政治教育现状

总的来看，我国高校系统中，双一流高校在培养创新型人才方面起着重要的作用，有着极强的推动力和影响力。双一流高校属于研究型大学，具备多样化的功能，例如科研创新功能、教育教学功能和服务社会功能。教育教学功能可以实现人才培养，科研创新和服务社会功能可实现人才全面培养，而且这种全面的人才培养是教育教学功能无法替代的。因此双一流高校需要加强课堂改革力度，以多样化的方式对人才进行培养，探寻新的人才培养模式，推动协同育人目标的达成。然而，有关我国高校思想政治教育开展情况的调查发现，许多高校思想政治教育缺乏足够的吸引力，难以发挥教育的实效性。思想政治教育理论课教学，通常都是以大班方式进行，采取传统的灌输方式，很少有教师和学生之间的互动交流，学生在课堂教学过程中处于被动吸收地位，缺乏参与感，教师也很难了解学生真实的学习状况，无法针对学生实际学习状况开展针对性的教育教学，因此很难实现预期的教育目标。而学生有可能失去学习的兴趣和动力，对思想政治教育产生抵触心理，最终的结果是学校的思想政治教育无法达到预期的目标，也无法进一步发展。从学生层面来看，大学阶段是学生思想发展和人格发展的重要阶段，但是由于各方面因素的限制以及信息化时代多元化思潮的冲击影响，一些学生在思想价值观念方面出现了偏差，部分学生出现了功利主义思维，在日常学习生活当中过分重视专业课程的学习而轻视思想政治理论课的学习。虽然部分高校已经认识到了互联网平台对思想政治教育工作的重要性，并且开展了一定程度的网络平台建设和网络思想政治教育，但是仍然存在着诸多问题。

（一）内容形式创新不足

随着网络信息技术的发展，高校在思想政治教育过程中，越来越重视对网络资源的运用，有一部分老师已经能够熟练地运用网络资源来开展思想政治教育课程，但部分教师还没有认识到网络教育的重要性，网络教育的覆盖面还不够广。一些老教师在知识的传播过程中更加倾向于对专业知识的教授，还没有学会利用网络来对学生进行教育，一些相对年轻的教师在课堂上虽然运用了网络信息技术，但由于自身能力有限，又缺乏专业培训和相关专家的指导，没有在网络育人的形式上实现突破，而内容缺乏对学生的吸引力，因此很难发挥出网络育人应有的作用。在"三全育人"的教育理念之下，教师应该提高自身能力，在思想政治教育课程开展的过程中充分利用网络，及时了解学生动态，对教学方式实时创新，尽自己最大的能力，提高育人的质量。

（二）高层次人才短缺

从事高校网络思想政治教育工作的主要是思想政治课教师和辅导员，他们大多信息技术水平不高，缺少信息化水平较高的网络技术专家和网络安全专家的指导，同时我国目前进行网络思想政治教育研究的学者数量较少，且研究周期较长，投入的精力较大，很难获得较好的成果。人力资源不充足和缺乏专业的高素质人才是网络思想政治教育开展过程中的一大难题。在"三全育人"教育理念之下，高校应该培养出更多的专业人才，利用已有的信息技术专业人才和学生骨干群体，充分发挥出他们的专业特长，培养出一批具有专业水准、能力更加全面的教师队伍。

（三）多方协同尚显乏力

在这个快速发展的时代，高校要想开展好网络思想政治教育，既需要有专业能力强的教师队伍，还需要为这些专业人才配备相应的设备，提供强有力的技术支持，做好后续服务工作，这需要高校各个部门协同努力。但在高校实际发展的过程中，对于网络育人职责各部门的划分尚不明确，存在权利的交叉和责任的重叠，对教师的考核也缺乏具体的考核指标，对教师采取的激励措施也远远不够，高校各部门在参与过程中往往缺乏动力，不能够协调一致地运转。网络思想政治教育体系不是一个单一体系，它是由多个体系相互联系共同组建而成的，其中不仅包含实施体系和评价体系，也有制度体系和制度保障体系。在思想政治工作开展过程中，各个部门要协同努力，共同发挥作用，由局部带动整体共同发展，进而打破时空等客观因素的限制，让高校思想政治教育工作确实有效。高校思想政治教育协同体系未来的发展应该符合时代的要求，符合以高校思想政治教育体系为导向所做出的顶层设计。只有这样，高校思想政治教育协同体系才能更具有实践意义。

三、当前高校思政教育面临的困境

（一）受到信息化时代的冲击

在进行教育改革以来，各高校对于思政教育越来越重视，纷纷采取多样化的措施进行思政教育，但由于渠道的影响，当前课程教育效果不够显著。高校生在接受思政教育的过程当中受到了多元化信息的影响，其接收到的信息较为复杂，学生难以进行鉴别，从而导致思政课的教育受到了影响。再加上高校生对于课程思政的教学需要也更加多元化，单一的课程教学方法无法满足学生的学习需要。

（二）课程思政教学模式缺乏创新

由于当前的课程思政教学模式过于传统，缺乏创新思维，导致思维活跃的大学生无法真正融入当前的思政教育模式，而导致思政教育只是流于表面，没有实际效益。一些高校开展的思政教育课程，无法真正将思政教育落到实处，导致部分高校生的政治信仰模糊，价值取向不确定等。因此，要确定思想政治教育的计划方针，从而优化高校思政课堂教育，提高高校生的思想政治水平。

（三）传统教育理念的冲击

基于传统教育理念或学科特性的影响，一些专业较为忽视人文精神、思想道德的传递，传递相关思政知识点时十分受限，如理工科专业，受限于科学理性、工具理性等学科思维，在专业课中融入人文教育的难度较大，相关专业学生擅长演算，逻辑能力、规则意识强，专业课程也以专业知识和逻辑思维等为培养重点，这一课程内容和教学特点导致难以充分地融入思政知识点。

（四）社会不良风气带来影响

在协同育人视角下，一些不良社会文化，导致高校课程思政无法较好地贯彻协同育人理念。具体而言，课程思政开展中，受社会中不良风气的影响，大学生三观尚未完全稳定，涉世未深，知识和视野不够宽广，最终可能导致其丧失学习、工作斗志，或过分重视个人的利益，在校园、社会活动竞争中采取不良的手段，甚至做出违法乱纪的行为，这将大大地降低学生对现代教育的信任程度，破坏其已形成的较好的行为习惯和道德精神，大大削弱高校思政课程的教学效果，如导致树立榜样不再能发挥广泛的激励作用，学生各自为战，缺乏对他人的认同和协作精神。

（五）对课程思政重视程度低

目前，各高校都在积极地探索和建设课程思政及协同育人的教育模式，建设程度不尽相同。其中，一些高校对课程思政及协同育人模式的建设较为忽视，受限于课程思政理论不成熟、不完善，部分高校未营造出积极的思政改革氛围，如高校党委总揽思政改革全局，对各主体进行统一领导，但由于忽视协同育人模式的建设和完善，各部门难以有效地协调推进思政教改工作，导致许多内容无法落到课程教学中。加上教师人数、水平等师资方面的限制，部分高校的思想教育仍是一座孤岛，未在专业教学中充分挖掘融合点，开展思政教育。

（六）其他问题

部分高校未建设起完善的协同育人机制，一些部门仍然单独运行及管理，未充分发挥其在思政教育中的作用，与其他部门、主体缺乏互动、合作，如辅导员、思政教师、其他课程教师等主体看似以相关教改内容在教学、管理上做出改变，实则缺乏相关的沟通，进而导致了诸如许多课程挖掘的思政融合点较为单一、深度不足等问题，各课程教学无法形成一个思政教学整体，存在过分强调一些思政知识点，但部分思政知识被忽视的情况，无法将工作联系起来，导致课程思政的育人目标难以全面落实。

第二节　高校思想政治教育协同育人的时代要求

一、协同及协同育人的概念

（一）协同

"协同"一词来自古希腊语，有"协和、同步、和谐、协调、协作、合作"之意，是协同学（Synergetics）的基本范畴。协同的定义，《说文解字》中提到"协，众之同和也。同，合会也"。其本意是指协调两个或者两个以上的不同资源或者个体，协同一致地完成某一目标的过程或能力。它是从企业管理中围绕效率的提高而出现分工、协调、协作到协同演进而来的。分工，就是要把组织的任务与目标分成各个层次，再通过劳动岗位完成。管理学上的协调最初源于法国古典管理理论的杰出代表亨利·法约尔（Henri Fayol）提出的管理五大职能：计划、组织、指挥、协调和控制。其本意是指各部门各岗位之间的和谐与步调一致，共同实现管理目标。其实质是在分工的基础上集合个别劳动要素，并使之在时间和空间上配合，达到资源利用效率最大化的效果。

协同不同于协调的概念特征在于协同强调系统的自组织性，即整体大于部分之和。这在军事学上以及企业战略中应用较多。

（二）战略协同

战略协同最初是军事学上的一个重要概念，指的是各战略集团为遂行共同的战略任务，按照统一的计划或意图协调一致地行动。战略协同是作战协同的最高层次，一般由统帅部和战区指挥员组织实施。战略协同的目的是在统一的战略意图下，充分调动、周密组织和有效地协调各种力量，使之在陆地、空中、海上，以及正面、敌后、后方战场的作战行动，密切配合，形成整体力量，协调一致地打击敌方。其实质是靠各种力量要素、各种斗争形式在一定的时间和空间内协同配合来获得最大整体优势，夺取战争胜利。后来战略管理之父伊格尔·安索夫将其应用于企业战略经营中，提出了"战略协同"的理念。

（三）协同教育

协同教育最早源于德国赫尔曼·哈肯（Hermann Haken）提出的关于协同学的基本理论，协同学吸纳了系统理论的精髓，同时与自然科学领域的系统论相结合，搭建了不同学科之间联系沟通的桥梁；苏霍姆林斯基提出协同理论的基本观点：学校和家庭要志同道合，抱着一致的信念，始终从同一原则出发，行动一致；美国约翰斯·霍普金斯大学研究专家艾普斯坦将"家校合作"扩展为"家、校、社区合作"，强调这三者对学生的教育和发展负有共同的责任。随着对协同教育的不断研究，"协同教育"实现了学校教育由单一封闭育人模式向协同开放模式转变，协同教育理论在我国素质教育实践中也得到运用，同时，在信息技术支持下的协同教育正逐步成为教育改革发展的方向和趋势。

综上所述，协同教育就是充分调动最主要的教育者，集中最优势的教学资源，利用最先进的育人平台与手段，促使教育效果最优化。

（四）协同育人

从字面上看，"协同育人"可理解为协同多种教育教学资源共同育人。不少专家学者对"协同育人"进行了深入研究，形成了一门理论。在高校，"协同育人"是一种教育思维，常与"产教融合""校企合作"等相关联。虞丽娟教授在《立体化素质教育论》中指出：协同育人主要包括协同教育、协同管理、协同学习。

协同育人，简单来说就是学生在课堂上获得理论知识和学习前辈的经验的过程中，教师要进一步激发出学生的主动性、积极性，同时，在课外活动过程中让学生能够实现自我教育，使学生健康成长。通过开展促进学生全面发展的实践活动，帮助学生更好地成长，通过思想政治教育帮助他们在发展的过程中形成更加高尚的品格，从而更加坚定地热爱祖国，热爱人民，提升自身的创新意识和实践能力，这种我们称之为"协同育人"的育人方式也更加适应时代的发展。国家为了进一步推动高校思想政治教育工作的开展，出台了各种相关文件，强调不仅要促进高校思想政治教育工作的开展，而且在开展的过程中要加强协同育人这一方式的运用，为国家发展培育更加全面的人才。

二、高校思想政治教育协同育人的时代要求

随着社会的不断发展，互联网高新技术得到了高速的发展，人们获取知识和信息的途径增多，获取知识的门槛降低。虽然这有助于人们对信息知识的获取，但飞速发展的互联网对学生的生活习惯和学习习惯以及思想价值观念都造成了巨大的冲击和影响。当前在学生的思想价值观念培养过程中，互联网平台具有的强大作用得到了充分的显现。同时互联网可以为师生构建便捷化的沟通交流平台，学生在学习和生活中遇到困难和挫折后，不再需要前往课堂或教师办公室寻求老师的帮助，可以利用互联网平台直接联系教师寻求帮助，同时教师也可以通过互联网平台更加及时有效地获取学生的思想动态，利用互联网平台进行更加有针对性的思想政治教育工作。因此高校在未来的发展过程中，必须掌握时代和社会的变化需求，遵循互联网新媒体传播的规律，进一步建设科学完善的网络思想政治教育平台，加强网络思想和网络信息传播的管控力度，掌握网络信息传播中的主导权，避免学生受到错误思想或信息的影响和危害。高校要进一步加强思想政治教育内容的创新和形式的创新，提高教育的生动性和趣味性，增强教育的互动性，提高学生自主学习的积极性。当前社会强调全面综合性发展，教育事业同样如此，全面指的是全员、全过程和全方位，充分实现教育的目的。因此高校需要积极地推动网络思想政治教育工作的开展，实现大学生的全面教育和全面发展，转变原先枯燥无味的思想政治教育形式和方法，更好地帮助大学生提高思想道德修养，形成正确的价值观。在高校思想政治教育具体实践中，需要充分利用网络平台具有的交互性和便捷性，开发相应的思想政治教育模块，设置更加吸引学生兴趣的教育内容，创新教育方式，提高教育和教学的趣味性和有效性，更好地传播社会主义核心价值观念，引导学生确立正确的思想价值取向，树立远大的理想，明确奋斗的目标，从而打造健康向上的教育环境和氛围。当前大学生群体对于网络新媒体的接受程度较高，同时绝大多数的大学生使用网络媒体平台的熟练度较高。在新时代，越来越多的大学生善于使用互联网平台进行信息的获取和交流，互联网已经不再是单纯

的获取信息和沟通交流的工具，也成了大学生生活中抒发个人情感、表达个人思想的重要载体。

第三节　高校思想政治教育协同育人的实践意义

思想政治教育是人类社会实践活动的重要方面之一，自阶级形成和国家产生以来就一直客观存在，并在经济、社会、生活各领域中发挥着重要作用。与此同时，思想政治教育也不断吸取社会进步的积极要素，不断促进自身的创新发展。随着协同创新理论的逐渐发展与融合渗透，思想政治教育协同创新也逐渐引起了人们的关注。协同创新理论的主要观点是什么？思想政治教育是否可以借鉴协同创新思想来促进自身的创新发展？如何探寻思想政治教育协同创新的内在机理与建构路径……为此，系统梳理协同创新理论的创立发展过程，探讨协同创新与思想政治教育二者之间的耦合机制，解析思想政治教育协同创新的基本内涵、主要范畴与本质属性，有助于帮助我们更好地理解思想政治教育协同创新。

一、高校思想政治教育协同育人的现实基础

（一）一致的教育目标明确协同方向

人们不管从事何种社会活动都带有明确的目的性。关于这一点恩格斯曾经说过："在社会历史领域内进行活动的，是具有意识的，经过思虑或凭激情行动的、追求某种目的的人。"[①] 如果个体具备充分的思想意识，那么其在实践过程中就能积极发挥自身的主观能动性，采取有效措施达成自己的目的。这也可以激发人们参与生产活动的积极性，高效实现各种目的。通常情况下，个体有着不同的利益，他们的追求和目标也各不相同。不过，如果多个个体处于同一体系当中，那么他们之间存在共同利益诉求的概率也会更大，正是因为有着共同的利益诉求，他们才更有可能在一个系统中长期共存。在高校内部，之所

---

① 马克思，恩格斯．马克思恩格斯选集：第 4 卷 [M]．北京：人民出版社，1995．

以可以将专业课和思想政治理论课联系起来，最终达成协同育人的目的，就是因为两者所持有的教育目标在根本上是一致的。作为开展思想政治教育的主要阵地，思想政治理论课主要是帮助学生学习更多的马克思主义知识，让他们可以在大学阶段就更好的立德树人。在高等教育的具体教学工作开展过程中，专业课的作用是为社会培养更多全面发展的人才，所以从这个角度来讲，两者可谓是异曲同工，目标一致。

一方面，树立了正确的目标，可以为发展指明方向。"任何事情的发生都不是没有自觉的意图，没有预期的目的的"。① 个体从事任何活动都离不开自身意识的指导，正是因为意识在发挥着重要作用，所以个体才能在实践中顺利达成既定目标。而高校教育所肩负的任务就是为国家和社会培养综合素质较高、可以全面发展的优秀人才，让他们可以在社会上做出自己的贡献，为国家发展与社会进步起到积极作用。要想实现这个目标，高校就要积极促成专业课和思想政治课程的有机融合，让两者可以协同发展，最终达到育人的目的。正是因为有了育人这个共同的目的，所以专业课可以和思想政治理论课程协同发展，同向而行，这也是两者能够实现价值融合的关键契合点，可以为高校的发展指明方向。有了这个前提和基础，高校进行协同育人也就有了明确的目标，可以积极实现教育资源的优化配置，将协同作用充分发挥出来，创造一切条件更加高效地实现既定教育目标。另一方面，正是因为有了目标的存在，才能将更多的力量聚集起来。当教育目标得以确立，实现专业课和思想政治理论课程的融合也就有了动力与基础，各种教育资源可以在最短的时间内达到最优的配置效果。另外需要强调的是，协同育人强调的是协同的作用，不是让其中的某一个学科自己起作用，也不是将多个学科毫无意义的叠加起来。正是因为有了协同，所以教育的动力得以产生，教育目标更容易实现。好的教育目标可以让人们看到目标和行动之间的差距，才能更加主动地发挥个体能动性，通过积极发挥创新精神而推动实践发展。在个体的不断努力当中，自身的素质可以得到提升，也能更好地满足社会发展需要。也正是因为有了发展动力，教育资源可以优化，

---

① 马克思，恩格斯.马克思恩格斯文集：第 4 卷 [M].北京：人民出版社，2009.

各种力量得以协调，所以协同育人工作的开展也就更加顺利。高校应该坚定不移地树立立德树人的发展目标，坚持一切从实际出发，实现教育育人和价值引领的有机融合，坚持服务与管理同步发展，在实践中完成时代赋予的责任。

（二）互补的教育内容奠定协同基础

之所以认为专业课和思想政治理论课之间具有互补性，主要是因为两者可以共同满足社会发展的现实需要。任何教育内容所体现的都是教育目标。从专业角度来说，专业课和思想政治理论课之间的互补关系并不强。不过如果将两者放置在社会发展的体系中来审视，那么其互补性就得以体现出来。在教育过程中，教师将各种教育内容传授给学生，学生将这些知识消化之后又应用到实践当中。在这个过程中，学生可以得到全面发展，也能顺利实现社会教育目标。高校在促成专业课和思想政治理论课的融合过程中，要保证学生将两方面的学习同时兼顾到。所以在具体的教学过程中，教师需要帮助学生树立正确的"三观"，端正政治立场，让学生可以做到德智体美劳全面发展，不能让学生只会自己专业领域内的知识，而对提升道德修养毫不重视。

从本质上讲，思想政治教育就是对学生进行道德与思想方面的培养，把社会主流意识思想灌输给在校大学生们。在学生提升思想品德水平的过程中，思想政治教育所起到的作用不容忽视。这里提到的学生是泛指所有高校的大学生，而不是就读于思想政治教育专业的少数人。随着世界经济一体化的趋势不断加强，我们的社会形势更加复杂，各种社会思潮也有着明显的多元性特点。大学生正处于思想意识最为活跃的阶段，他们的三观正在形成当中，很多思想和理念并不成熟，也不是很有主见和辨别力。所以，如果在面对不当言论时可能就会轻易受到影响。这对大学生的发展显然是不利的，严重的还会影响国家和社会的发展，这也给高校开展意识形态教育带来了很多的挑战。高校应该重视意识形态领域的建设工作，积极作为，争取意识形态领域斗争的胜利。在具体的教育工作开展中，高校应该以思想政治理论课堂为主要战场，引导学生更加系统全面地学习马克思主义理论知识，端正学生的思想意识，让他们树立正确的世界观、人生观和价值观，更加扎实地学习各种理论知识，并将其积极应用到实践当中，为国家和社会做出应有的贡献，让自己的社会价值得以实现。

（三）统一的教育管理推动协同发展

从一定意义上说，高校专业课和思想政治理论课都是教育活动的具体形式。虽然涉及的要素多种多样，但是各要素之间的关系非常紧密，他们相互配合，高校才能更好地完成人才培养工作。美国学者小詹姆斯·H.唐纳利在分析中提到"管理就是由一个或更多的人来协调他人的活动，以便收到个人单独活动所收不到的效果而进行的活动"。[①] 高校如果可以实施科学有效的教育管理，那么就可能对各种教育资源进行合理优化配置，将专业课和思想政治教育工作有机联系起来，推动协同育人工作健康有序发展。

第一，从高校建设的实际情况来说，党委领导下的校长负责制是我国高校领导体制长期探索的历史选择。1989年党的十三届四中全会后，中央正式明确高校实行党委领导下的校长负责制，进一步强化党对高校的领导，在这一领导体制的保证下，高校踏上了健康发展的快车道。在高校办学中，党委实施统一领导，这也是我国高校办学的政治方向。在这种管理理念的指引下，高校内部的各个部门都各司其职，齐心协力地将教育职能落实在具体工作当中，并能形成强大的教育合力。这是中国特色社会主义体制在教育领域的一种体现，显示了社会主义优越性，也能更好地帮助高校完成教育资源的优化配置。高校在办学中要对教师提出明确要求，即要在专业课的教学过程中融入思想政治教育的基本内容，实现两者的有机联系，让学生在提升专业能力的同时具有高尚的道德修养，树立正确的价值理念。通过这样的方法，高校协同育人的效果也将更加明显。高校在办学中要建立明确考核机制，对任课教师进行合理约束，提升其协同育人的思想意识，在工作中积极发挥主观能动性，保证协同育人工作可以切实地落到实处，推动专业课与思想政治理论课的科学融合和顺利发展。

第二，高校所设立的马克思主义学院其主要工作就是进行马克思主义研究，

---

① 小詹姆斯·H.唐纳利.管理学基础：职能、行为、模型 [M].北京：中国人民大学出版社，1982.

作为一个学术单位，该学院需要负责落实具体的思想政治教育工作。关于这一点，教育部颁布的《普通高等学校马克思主义学院建设标准（2019 年本）》阐释了马克思主义学院的主要职能就是开展思想政治理论教育工作，积极推动教育改革，端正教师的教学理念，稳步提升教学质量，帮助学生更好地学习思想政治理论知识，为他们今后进入社会开展实践活动打下良好而坚实的基础。在教材的选择方面，高校的教材都是受过严格审核的，具体到思想政治理论课的教材更是严谨性极高，通常选用的教材都来自"马克思主义理论研究和建设工程"。在选择专业课教材时也会先通过审核小组的审核。按照这个程序订购到的教材不会出现社会主义政治方向方面的失误，也能兼顾学生的个体发展需求。总体而言，高校在进行教材选择时需要满足思想政治教育发展的需求，这是推动专业课和思想政治理论课协同发展的重要一步。

（四）完善的教育政策保障协同质量

我们的国家一直都非常重视教育，也采取了各种措施对教育工作的开展进行支持与辅助。不管是"百年大计，教育为本"还是"科教兴国"，这些政策的颁布都体现了国家在这个方面的重视程度。如今，教育工作已经上升到国之大计的高度，这是教育在政党和社会中重要性的直观体现。在现代社会，为了满足教育现代化发展的现实需求，国家又出台了多项政策旨在提升教育质量，这也为高校教育工作的开展打下了牢固的基础。教育工作开展的关键就是"育人"，应积极引导育人工作和思想政治理论课程有机融合，多措并举地完成高校育人工作。

1951 年，教育部针对华北地区高校工作的开展专门颁布了工作指示，希望发挥辩证唯物论的作用，推动教学工作积极开展。教育部在指示中提道："高校开展教育工作必须建立完善的教育组织架构……积极建立起革命思想政治教育和普通课程之间的联系，不能将二者割裂看待。"这份工作指示明确提出，如果将两类课程标准区别对待那是不正确的，必须在两种课程中建立起必要的联系，取长补短，相互支持，将育人工作更好地推进下去。高校在开展教育工作时"不能只以教授业务课为主要目的，而是要对思想政治科目予以足够的重视，将其列入正常教育计划当中，并保证其严格落实，不打折扣"。

21 世纪之后，党的执政环境和之前相比发生了翻天覆地的变化，所以高校教育也要同步做出调整，只有这样才能更好地跟上社会发展的步伐。党和国家一直非常重视人才培养的问题，也将这个重任交托给各大高校。2004 年，在《中共中央国务院中关于进一步加强和改进大学生思想政治教育的意见》中做出了明确的指示："高校应该对思想政治教育工作予以足够的重视，将其融入专业学习、科研和社会服务过程当中。要实现教育资源的优化配置，在开展专业课教育时多多进行思想政治教育，这样学生就可以在提升自身专业素养的同时实现道德修养的同步提高，成为更加合格的社会主义接班人。"

高校思想政治工作的开展受到了社会各界的广泛关注。所以从高校的角度来说，需要审时度势，紧跟时代发展的步伐，实现目标导向和问题导向的有机融合，坚持一切从实际出发，革故创新，逐步健全与完善顶层设计，为教育领域的改革打下牢固的基础。具体的创新工作可以从六个方面开展：一是育人方式；二是办学规模；三是教育方法；四是培养模式；五是管理体制；六是评价机制。这些创新工作的完成可以为培养全面发展的高校人才做好铺垫工作。

时代在不停地进步，高校必须审时度势，积极改革自身教育机制，制定明确的教育发展策略，紧跟上时代发展的步伐，这也可以为协同育人工作的开展打下坚实的基础。积极推动专业课和思想政治理论课的有机融合，是顺应时代发展的创新之举。高校在这个问题上要具有前瞻性，积极打造具有时代性的育人格局，创造尽可能多的条件推动专业课和思政课的协同发展，对当前的育人体系进行完善和健全，将教育在国家和社会发展中的积极作用充分发挥出来。

二、高校思想政治教育协同育人的价值取向和实践意义

（一）价值取向

1. 坚持人民为中心的立场

中国的近代史，就是一部仁人志士前赴后继寻求救国之路的历史，之前一系列的尝试都以失败告终。直到中国共产党找到了一条"农村包围城市、武装夺取政权"的人民解放之路，中国革命的面貌焕然一新。伴随着新中国的成立、

社会主义建设的初期探索、改革开放进程、新时代的到来，中国共产党"不忘初心、牢记使命"，始终把"全心全意为人民服务"当作自己的宗旨。思政课教学在理论和实践教学过程中必须贯彻以人民为中心的立场，理论分析要从广大民众的现实需要和社会生产的现实状况出发，在回应现实中把握趋势，在参与现实中体验生活，在总结现实中提升理论。这就要求思政课实践教学要切实回到广大民众的现实生活、生产实际中去，在体验、感受民众的现实疾苦中理解民众，增强为人民利益而奋斗的自觉性。

2. 坚持实事求是的核心理念

习近平总书记指出：实事求是，是马克思主义的根本观点，是中国共产党人认识世界、改造世界的根本要求，是我们党的基本思想方法、工作方法、领导方法[①]。我们党就是靠实事求是起家和兴旺发展起来的，实践反复证明：坚持实事求是，就能兴党兴国；违背实事求是，就会误党误国。思政课教学应在校内校外协同育人实践中强化实事求是的核心灵魂。在这次应对新冠肺炎疫情的过程中，许多普通民众通过中国与西方其他国家在抗疫中的不同表现就能切身感受到实事求是精神的差异。中国广大民众在党和政府的领导下，把人民的生命安全放在第一位，真正从疫情发展的实际情况出发，及时制定应对疫情的政策、措施，取得了抗疫的初步成果。西方个别国家不是从疫情发生、发展的实际状况出发，更多考虑的是政客的利益和需要，最终使得抗击疫情的斗争不断延缓、疫情范围不断蔓延。实事求是这个核心的确立，能够确保学生在时代的转换中时刻紧跟时代主题、深刻领会时代精神、切实把握时代矛盾，不断概括和总结指引时代发展的理论成果，从而在不断变化发展的世界中茁壮成长。

3. 坚持辩证的思维方式

在思政课教学中要坚持辩证思维回应历史虚无主义现象。从根本上讲，历史研究要体现和反映历史的"总体性"，对历史做出整体、深刻、全面的解释。历史辩证法反对不去关注史料的以偏概全，反对随心所欲地挑选历史中个别的、

---

① 习近平. 在纪念毛泽东同志诞辰 120 周年座谈会上的讲话 [N]. 人民日报，2013-12-17（1）.

偶发性的、孤立的乃至片面的历史事实材料，并加以涂抹或剪裁。真正的历史研究最终要反映历史的内在整体性，关注历史的发展趋势。我们知道，历史研究是一件极其严肃的活动，需要论从史出，以史为据，将具体的历史事件、历史人物以及历史人物的活动进行整体性分析研究，从原子式的历史碎片中不可能打捞到整体而真实的历史。

我们要在实践中引导学生端正学术研究的态度，以历史辩证法破除历史虚无主义的形而上学思维迷障，加强对历史辩证法深刻地、系统地理论构建，从事实出发，以科学严谨的方法分析历史事实并用之解释历史和现实中的重大问题，讲深、讲透中国历史发展的主流、主线和本质。

4. 坚持自我解放的科学理念

伟大的革命需要伟大的思想。习近平总书记指出："人类社会每一次重大跃进，人类文明每一次重大发展，都离不开哲学社会科学的知识变革和思想先导。"[1] 无论是大的社会制度更替，还是重大的社会变革，无不有伟大的思想解放作先导。解放思想有大有小，大解放大发展，小解放小发展，不解放不发展。当前，我们正在进行的是一场伟大的社会革命，这就要求我们的思想解放应该是大解放，这就要求思政课教学要教会学生勇于自我革命，敢于自我否定，敢于"自以为非"，敢于自我超越，实现自我解放。用伟大的自我解放推动社会发展。自我解放包括自我方法论解放和世界观解放。二者归根结底都需要彻底的自我革命精神，这是马克思主义理论对增强自我净化、自我完善、自我革新、自我提高能力的有效途径，也是马克思主义执政党始终保持党同人民群众血肉联系的不二法宝，更是建设始终走在时代前列、人民衷心拥护、经得起各种风浪考验、朝气蓬勃的马克思主义执政党的思想保障。

5. 坚持共建共享的科学方针

共建共享，是构建社会主义和谐社会的基本原则和基本特征。《中共中央关于构建社会主义和谐社会若干重大问题的决定》提出："我们要构建的社会主义和谐社会，是在中国特色社会主义道路上，中国共产党领导全体人民共同

---

① 习近平. 在哲学社会科学工作座谈会上的讲话［N］. 人民日报, 2018-05-18（1）.

建设、共同享有的和谐社会。"①在建设社会主义市场经济体系的过程中,共建共享的特征得以体现。在新时代中国特色社会主义建设进程中,我们一方面保证合法竞争、合法收益不受侵犯,另一方面避免市场失灵和市场竞争弊端的出现,积极倡导社会各阶层在经济社会发展中的共建共享。在思政课实践教学协同育人过程中,共建共享的方针有利于培育大学生爱国主义、集体主义思想和奉献精神,有利于调动国内外一切积极因素参与到社会主义建设进程中来,共同为实现现代化强国而努力奋斗。

(二)实践意义

高校思想政治教育未来的发展过程中,要建设更加全面的协同育人体系,帮助我国社会能够正常向前发展,确保高校思想政治教育工作具有实践的意义,为国家的发展提供更多的有用之才。随着人民生活水平的不断提高,人民出现了越来越多的需求。不仅仅要满足人民群众物质上的需求,更重要的是加强精神方面的建设,以满足人民精神上的需求。在我国未来的发展过程中,精神文明的建设是非常重要的,要充分平衡物质文明和精神文明之间的关系,让两者能够共生共长,进一步加强社会精神文明的建设,在发展过程中全面落实协调发展这一理念。在精神文明建设过程中,最为关键的就是思想政治教育工作的开展。各大高校应该加强思想政治教育工作,这是精神文明建设的基础,在发展的过程中要注重理论与实践相结合,注重协调发展,加强内部各部门之间的联系和合作,为我国经济持续发展打下基础。在社会道德价值理论体系中,最有影响力的就是社会主流意识形态,其自身具有平稳和客观的特点,在高校发展过程中主流意识形态的建设处于领跑的地位。所以在下一步的发展过程中,应该加强对学生主流意识形态的教育,让学生在发展过程中能够得到正确的思想指引,对自身的发展有正确的要求,能够走上正确的道路,对在新时期遇见的新问题也有更好的解决办法,促进思想政治教育工作的开展。

---

① 中共中央关于构建社会主义和谐社会若干重大问题的决定[N].人民日报,2006-10-18(001).

当前，高校主流意识形态教育基本上处于一种相对平稳的发展状态。下一步，要将中国特色社会主义理论融入教育体系中，通过科学的方法，让高校广大学生在接受教育的过程中，能认识到中国特色社会主义理论的相关内容。让中国的青年能够在潜移默化之中接受国家主流意识形态的教育，顺应国家主流意识形态的发展方向，对自己的行为进行严格的规范，将社会主义核心价值观落实到实践过程中。

随着全球政治经济的不断发展，国际环境也越发复杂，我国主流意识形态也遇到了种种干扰，特别是西方意识形态对我国所造成的文化渗透，对我国主流意识形态的发展造成了阻碍。随着互联网技术的快速发展，人们的沟通交流越来越便利，获取信息的手段越多，成本也越低，文化遭受到入侵的情况越发常见，所以高校要加强思想政治教育，抵御西方的文化入侵和思想渗透，使我国意识形态在发展过程中，始终占有主导地位。

通过思想政治教育，来对各种社会制度进行划分。在社会主义社会思想政治教育工作的开展过程中，始终要坚持马克思主义的指导地位，确保马克思主义指导地位不受影响；在发展的过程中进一步加强思想道德建设，在推动思想道德建设过程中，最为核心的工作就是推动精神文明建设的发展，也就是说要加强思想政治教育工作的开展。要想做好思想政治教育工作，首先应使全体学生进一步提升个人的思想道德水平，提升自己的专业能力，实现自己的全面发展。但各高校在开展思想政治教育工作过程中，还存在着诸多问题，例如，对责任主体没有明确的界定，将主体确定为老师，而不是学生，无法调动真正的主体，也就是学生的积极性无法真真正正地发挥出思想政治教育工作的作用，只是加重了任课教师的负担，没有充分地发挥出教学主体的主动性。所以在接下来的工作中，要落实协同的理念，确保各主体之间能够相互配合，进一步提升工作效率，促进工作实效性的提升。

第四节　高校思想政治教育协同育人的必要性与可行性分析

一、高校思想政治教育协同育人的必要性

对高校的思想政治协同育人情况进行分析和研究，第一个要解决的问题就是了解协同的意义和价值，这是在当前的时代背景下，为了满足现实需要所做的必然之举。同时，需要重点研究实现协同的可行性，分析两者之间存在的关系，找出其中的内部关联，为高校进行协同育人打下牢固的基础。

（一）新时代背景提出新要求

在当前的时代背景下，高校进行思想政治协同育人教育可谓是大势所趋。第一，当前的现实情况为高校教育带来了很多新的机遇和挑战，而协同育人则可以很好地迎接机遇，接受挑战；第二，从问题导向的角度来看，现阶段大学生思想政治教育其实存在着很多问题，需要通过协同创新的方式加以解决；第三，从未来发展趋势来看，协同育人可以有效地推动高校思想政治教育工作迈上一个新的台阶。

万事万物的发展变化都离不开环境，大学生思想政治教育工作也是如此，必须要与时代发展相吻合。在进入新的历史时期之后，大学生思想政治教育工作也遇到了很多新的挑战，再加上国际形势的风云变幻，学生自身的差异化发展，都要求协同育人同步做出调整与改善：

1.从全球视野中把握民族复兴新使命

现今的国际形势可谓是瞬息万变，每个国家都和其他国家之间有着密切的联系，所以大学生思想政治教育工作所面临的可变因素非常多。随着国际交流的逐渐增多，国际上的不稳定因素也会带来不小的影响。现在的中国是国力日渐昌盛的中国，在国际社会上也有了更多的话语权，这也极大地改变了西方国家对我国的看法。很多敌对势力试图通过"和平演变"的方式对我国的政权进

行颠覆，希望离散我国的人心，达成分裂国家的企图。所以，他们充分利用网络优势，将一些反党反社会主义的信息传递给心智尚不成熟的年轻人，让他们感觉到现实社会一片颓废，没有希望，最终也没有了前进的勇气和进步的信心。我国高校之所以要开展大学生思想政治教育工作，就是要与这些居心叵测的敌对势力做正面的斗争，这是一项关乎国家安全和民族兴旺的重大事业。大学生思想政治教育工作肩负着民族兴盛的重大使命，不管在理论教学还是实践教育中都要对"四个自信"进行坚定不移的维护。让大学生认识到自身所担负的历史使命，积极学习，端正态度，能够在纷繁复杂的现实情况中坚定立场，不会因为任何颠覆行为的存在而迷失本心。

2. 从历史方位中建立立德树人新任务

我国在政治经济文化领域都取得了突出的成绩，社会主义中国进入到全新的发展时期。在这个至关重要的历史节点上，摆在我们面前的艰巨任务有很多，这都需要足够的优秀人才来实现。高校大学生是社会主义未来的接班人，他们只有具备了全面而综合的素质，今后才能担负起建设社会主义的重任。

所以，高校要重视对大学生开展思想政治教育工作，坚定不移地"立德树人"，从本质上讲，高校开展教育的主要目的就是为社会培养德智体美劳全面发展的综合型人才。所以高校应该审时度势，站在国家和民族的历史高位上开展教育工作，以协同育人的方式提升大学生的知识水平和道德修养，保质保量地完成时代赋予的使命。高校开展协同育人的作用主要体现在两个方面：一是可以提升学生的专业能力；二是能够帮助学生树立正确的"三观"，这是符合时代发展趋势的必然之举，也是达成立德树人目标的重要举措。

3. 从技术迭代中把握育人方式新变化

来自科学技术领域的创新会给人类社会的发展带来无穷的动力，人类文明层次的提升都是科学技术在起作用。现阶段，信息网络化获得了长足的发展，也给人们的工作和生活带来了很大的变化。可以说，信息网络化是改变世界的重要力量，所以大学生开展思想政治教育也要顺应时代发展潮流，及时调整自身的发展目标和具体教育方法。第一，互联网有着传播快捷便利的优势，如果将其引入到大学生思想政治教育工作中，可以起到事半功倍的效果，对当前的教育资源进行丰富，改善当前的教育方法，有利于实现教学创新。随着多媒体技术的引用，原本照本宣科的课堂就会增加很多视频和音频材料，还会出现网络课堂、微课等，这都是对课堂内容的极大丰富与完善。从最近几年的发展趋势来看，教育部对开发线上课堂工作予以了足够重视，当前的线上课堂超过 1290 门，慕课数量更是超过 8000 门，从未来的发展来看，这个数量还会继续呈现增长趋势。2020 年，因为疫情的侵袭，高校普遍开始了"停课不停学"的教学方式，通过线上课堂接受教育的大学生人次超过 2.82 亿，这也代表着我国教育信息化进入到一个全新的发展阶段。相信在未来的发展中，教育事业发展的总趋势就是实现线上和线下的有机融合。从这里可以看出，网络技术的发展极大地影响着教育方式的转变，尤其是在突发事件发生之后，线上教学的优势也就得以突显；第二，我们也应该意识到互联网所带来的负面影响。有数据显示，我国网民数量截至 2020 年上半年约为 9.4 亿人，而学生在其中占到了 23.7% 的比重。这个数字不可谓不庞大，所以网络到底能给大学生思想政治教育带来什么，确实是一件值得深思的事情。在网络上充斥着多元化的信息，大学生每天所能接收到的信息不计其数，他们不可能对此一一进行判断，有些只是了解个大概，还有一些会出现理解错误。为了改善这样的情况，我们需要对当前的教育方式进行合理调整，通过线上和线下课堂相结合的方式，掌握学生的思想动态，从他们的实际需求出发，通过慕课、微课等方式，提升他们的认知能力，让思想政治教育润物细无声，对大学生产生积极的影响。

4. 从个体发展中把握成长成才新内涵

对于广大高校而言，到底应该为国家和社会培养什么样的人才是首先需要解答的问题。毫无疑问，高校的主要作用就是进行人才培养，不过具体的培养方式却不是之前的"填鸭式教育"，应该从学生的实际情况和具体特点出发，突出学生在教学过程中的主体地位，将其学习积极性充分激发出来，让其以主动的态度来接受思想政治教育。当代大学生处于思想最为活跃的时期，他们对新生事物非常感兴趣，也希望能够更好地表达自己，这些特点是和传统大学生不同的，所以如果沿用传统方式对他们进行教育，他们显然不能适应。再有，在外部环境急剧变化的今天，有些大学生或多或少地存在着一些心理上的问题，他们或者没有很强的社会责任感，或者心理承受能力低下，或者崇尚金钱等，这都是需要立即进行解决的重要问题。比如，在 2017 年北京市教工委就针对大学生展开了一次思想调查，从调查结果看，大学生在个性化方面的需求比之前要多很多。① 所以在新的历史时期，高校应该积极把握大学生的思想动态，满足他们的个性化需求，对大学生思想政治教育的内涵进行扩大与丰富，为国家和社会培养出德智体美劳全面发展的优秀人才。

（二）当前思想政治教育亟须加强协同创新

1. 协同创新与思想政治教育的内在关联

协同创新要求多元创新主体围绕着共同目标，在开放的复杂系统内形成良性运行机制，经过一系列非线性作用实现创新发展，这些特性与思想政治教育实践高度吻合。故而二者之间是具有内在逻辑关联的有机统一体，彼此你中有我、我中有你，相互借鉴、相辅相成。协同创新理论与实践为思想政治教育创新发展开辟了新的天地，思想政治教育也能为协同创新指引前进的方向。将协同创新范式引入思想政治教育领域，既能够丰富发展协同创新体系，又有助于开拓思想政治教育科学发展的新方向。当然，哈肯是在理论物理领域创立的"协同理论"，熊彼特最早在经济学中提出的"创新理论"，而"协同创新"也主要被彼得·葛洛用于阐释网络时代的协同合作。因此，我们不能仅仅满足于将协同创新与思想政治教育实践进行简单的叠加，而必须对二者之间的内在关联做进一步的深入研究。

（1）协同创新范式促进思想政治教育科学发展

①目标协同：思想政治教育科学发展的前提条件

目标协同是实现协同创新的首要前提。一般而言，构成协同创新复杂巨系统的各子系统以及子系统的各构成要素都有自己的利益诉求与目标指向，这些

---

① 中共北京市委教育工作委员会.2017 年度大学生思想政治状况滚动调查报告［J］.北京教育（德育），2017（5）.

多元目标有可能趋于一致，但在很大概率上彼此差异悬殊。协同创新就是要发挥自己内在运行机制的协同效应，通过一系列目标分解与优化组合，在这些多样目标之间达成目标追求的最大公约数，进而实现优化组合的目标协同，最终构成推进协同创新的利益基础与基本前提。思想政治教育目标即是思想政治教育实践所要达到的效果在人们头脑中的反映，是人在自己的逻辑思维中对思想政治教育结果的抽象把握。

②开放系统：思想政治教育科学发展的生态环境

系统能够与环境进行物质、能量、信息交换的特性，叫作开放性。系统的开放性是协同创新实现的基本条件。协同创新的各子系统总是在一定的条件下与环境进行着多方面的交换，这是保证系统实现协同创新的基本条件。反之，如果系统各组分均处在一个封闭、孤立的系统环境内，与环境的资源共享趋于停滞状态，也就无所谓彼此协同，更谈不上有所创新。当然，我们强调系统的开放性，并不是说系统没有边界。边界的存在是客观的，凡系统均有边界，只是边界具有变动性、模糊性，一些复杂系统的边界甚至具有分形特征。思想政治教育总是在一定的环境中展开的，环境对人的思想品德的形成发展以及思想政治教育活动的开展具有十分重要的影响。

③随机涨落：思想政治教育科学发展的演化形式

涨落又称起伏，是指在通常情况下发生的对系统热力学平衡态的偏离，随机涨落性是客观存在的一切系统固有的基本属性。涨落力是推动系统形成新的有序自组织的基本动力。研究者指出通过随机涨落现象远离平衡状态是系统从无序向有序结构演化的必要条件。协同创新系统总是处于动态平衡中，当复杂系统内部各子系统及其构成要素之间的涨落阈值越过一定的临界点，超出系统本身的取值范围与承载能力时，系统便经由一系列非线性调控作用，促使各系统要素重组以重新趋于动态平衡。为此，随机涨落对思想政治教育协同创新具有重要的演化意义，是促使思想政治教育系统从无序状态转化为有序自组织的重要因素。

④机制协调：思想政治教育科学发展的重要保障

机制一般是指引起、制约事物运动、变化、发展的内在结构与作用方式。

机制协调是协同创新的重要保障。协同创新的顺利推进，有赖于系统构成要素的耦合机制与演化方式。在协同创新过程中，系统通过建立健全目标协同机制、信息共享机制、交流沟通机制、运行保障机制等，能够促使各子系统及其组分之间通过充分的协同作用，产生"1+1＞2"的协同效应，确保协同创新朝着既定的目标前进。如果在协同创新过程中，系统的运行机制彼此掣肘，相互牵制，那么系统将陷入混乱无序的状态，协同创新也就不可能实现。这一点对作为复杂巨系统的思想政治教育过程同样适用。

⑤非线性作用：思想政治教育科学发展的运行方式

线性与非线性原本是一对数学范畴，用以区分不同变量之间两种最基本的相互关系。线性系统只有当外部输入周期性的强迫作用时，才会产生周期运动。在非线性系统中，构成复杂巨系统的各子系统及其要素之间存在着相互作用，一般而言，这些相互作用是非线性的，不满足叠加原理。也就是说，非线性系统在协同创新过程中产生的结构效应、功能、作用等，不是系统各构成组分功能之间的简单相加，而往往表现为远超各构成子系统协同效应的叠加。

思想政治教育各构成子系统之间存在着普遍的非线性相互作用。在思想政治教育这一开放的复杂巨系统中，各子系统及其构成要素既有相对独立的教育活动，更多的则是相互关联的教育实践。当各子系统间多方位、多层次、多领域的关联教育活动相互渗透、相互影响，最终达到一定的临界阈值时，系统的关联教育实践就占主导优势。

（2）思想政治教育实践丰富发展协同创新体系

无论是自然科学还是社会科学领域内的协同创新，在向思想政治教育提出新的发展要求与趋势的同时，也需要不断创新发展的思想政治教育为其提供保证和服务。换言之，将协同创新引入思想政治教育领域，为思想政治教育人才培养、科学研究与实务工作提供了全新的方式方法，开辟了思想政治教育创新发展的新视野；与此同时，思想政治教育协同创新所开展的一系列新的实践探索，也将极大地丰富拓展协同创新体系。

①整合创新：丰富发展协同创新的方法体系

相较于原始创新、开放式创新等传统创新模式，协同创新是一项更为复杂、更重视要素整合效应的创新组织方式。协同创新的内涵本质在于知识增值，其关键在于形成以多元创新为主体、知识生产机构、中介服务机构等为核心要素的分布式创新模式，通过整合多方创新资源促进创新效应最大化。如果一个思想政治教育系统内部各要素相互掣肘、牵制，彼此冲突、抵消，整合程度很低，甚至没有整合，不可避免地会造成整个教育管理系统内耗严重，各教育环节难以发挥应有的协同效应。为此，把协同创新范式引入思想政治教育领域，更好地研究思想政治教育人员、信息、平台等的整合方式，探索在整合中创新思想政治教育，发挥整合创新的协同作用，能够在很大程度上丰富协同创新的方法论体系。

②协同教育：丰富发展协同创新的实践体系

协同教育是现代社会教育发展的新趋势。就教育主体力量而言，思想政治教育主要来自三个方面：家庭教育系统、学校教育系统与社会教育系统。

这三个教育体系既相互独立又彼此关联，构成了现代社会思想政治协同教育的四大类型：一是"社会—学校"协同教育，二是"学校—家庭"协同教育，三是"家庭—社会"协同教育，四是"社会—学校—家庭"协同教育。通过多种形式的协同教育平台开展协同教育，最终实现协同育人的目的，切实提高思想政治教育的育人质量。

思想政治协同教育强调整合多方教育主体的力量，通过一系列复杂的交互作用，最大限度地发挥各子系统的教育功能，以达成协同教育的目的。一般而言，各教育系统具有较为明确的教育内容和职责分工，彼此独立又相互补充、互有增益，形成了强大的教育合力。这与同样强调整合多元主体以实现知识增值的协同创新范式具有很强的内在一致性，丰富发展了协同创新的实践体系。

2. 高校扩招叠加对教育教学质量递增压力

近年来，我国高校一直在进行扩招，这项政策推出的主要目的就是希望让更多的青少年可以获得走入大学的机会，提升国民教育的公平性，将高等教育的福利提供给更多的家庭和年轻人，同时，在高校扩招政策的推动下，社会就业压力也会因此而缓解。我国高校的扩招从1999年就已经开始，这项政策的优点主要体现在以下方面：一是可以对国民的整体素质进行提升；二是为人才提供更多的创新机会；三是缓解就业压力。有具体的数据可以参考，从我国推行改革开放开始到现在，报名参加高考的总人数达到了2.28亿人，而通过高等教育培养出的优秀人才多达9900万。在2019年，我国高校的招生人数提升到800万人，而大学毕业生则达到了834万人。这些大学生走入社会之后在自己的岗位上做出了突出贡献，为我国的科技创新带来了无穷的发展动力。现在，在全社会范围内已经形成了终身学习的浓郁氛围。不过需要认识到的是，随着高校的扩招，学生数量倍增，而高校不管是教学场地、设备还是教师力量都远远跟不上发展速度，在这样的情况下，学生的学习质量也成为社会各界较为担心的一个问题。现阶段，很多高校在开展思想政治教育工作时都是一个老师身兼多职，正是因为工作压力太大，所以缺岗的情况也是时有发生，想要凭借几个人的力量完成整个高校的思想政治教育工作显然并不现实。

因此需要对当前的教育资源进行系统整合与配置，优化教学结构，实现各个队伍之间的密切配合，才能在有限的教育资源背景下将思想政治教育工作更好地完成。

3. 高度智能化分工需借助协同力量实现效率飞跃

在具体的管理方面，高校所奉行的主要是精细化管理，需要对思想政治教育工作领域进行全面覆盖，只有这样，最终的教学质量才能有所保证，也能够为学生提供更加细致入微的服务。不过这个举措也不是完美无缺的，第一，在实践中，很多部门因此而产生了隔阂，工作效率不升反降；第二，大学生思想政治教育工作涉及很多内容，复杂性极强，不能将其简单地划归为某一个单位的工作，比如如果需要解决学生的心理问题，就要将多个部门联合起来，比如心理咨询部、后勤部、学院部等都会涉及，大家通力合作，针对学生的问题查找原因、采取措施，并跟进后续的反馈结果，只有这样，学生的心理健康问题才能得到有效解决；第三，在实施了精细化管理之后，有些高校把这项工作主要分配给了思政课教师和高校辅导员，不过协同育人所强调的就是全员参与，如果为了精细化管理而精细化管理，那么可能会适得其反，有些部门冗员过多，大家都看起来很忙，其实真正落实工作的人并不多。如果深究原因所在，可能还是因为组织结构存在问题延误了信息的传递，阻碍了工作效率的提升。

4. 两支队伍的体制藩篱需提升协同融合增效作用

从工作职能上看，高校辅导员和思想政治理论课老师可以说是各司其职，不过也不能因此就认为这两个岗位之间一点干系也没有。准确地说，两者之间应该属于同向同行的关系，最终可以实现协同效应。在大学生思想政治教育工作中，辅导员和思政课教师其实是相互配合的两支力量。要想真正意义上实现协同育人，就要在两者之间建立必要的联系。第一，加强两者之间的协同合作，这对课堂教学和日常管理都大有裨益。思政课教师可以参考学生的日常表现开展教学，这样教学的针对性就强，而辅导员也可以根据学生的理论学习程度进行有侧重点的日常管理，帮助学生查漏补缺。第二，思政教育工作涉及的内容和要素很多，所以需要对其中的细节进行通盘管理，加强内部联系。其实在实际教学过程中，很多教育工作并不是泾渭分明的，重叠情况时有发生，而协同育人的作用就是消除这些不必要的重叠，实现资源优化配置，积极提升教学效率。

（三）协同育人有利于促进大学生思想政治教育发展

高校开展思想政治教育工作是关乎国计民生的重大事宜，可以为中国民族的伟大复兴输送更多优秀人才。协同育人已经成为时代发展的大势所趋，可以升华大学生思想政治教育的现实意义。

1. 强化大学生思想政治教育的实效性

协同育人为开展大学生思想政治教育工作指明了发展道路，让其目的性和针对性更强。这里提到的针对性主要指的是教育工作的开展要坚持从实际出发，结合教育对象的具体特点和教育任务的实际情况选择更为适宜的教育方法。换句话说，要保证思想政治教育工作的针对性，就要对这项工作的开展规模进行准确把握，同时兼顾学生的实际情况和成长规律。对大学生来说，他们接受思想政治教育主要是通过上课的方式，而思想政治理论课则可以帮助大学生解决很多理论上的问题，将这门课程视为在高校开展思想政治教育的主阵地一点都不为过，在学习的过程中，大学生可以提升自己的认知，解决掉各种学习和生活中的问题。在做到了理论联系实际，实现了课堂内容和日常思想政治教育的有机融合之后，大学生遇到的很多现实问题都能得到妥善解决，他们的成长会更加顺利，而思想政治教育才能有的放矢，思想政治教育工作才会真正意义上落到实处，发挥应有的作用。

进行思想政治理论教育就是在马克思主义理论的指引下，帮助大学生将各种社会意识内化于心，同时外化于行，真正意义上用理论来指导实践。在这个过程中，主要要对三种关系进行合理协调，第一是理论的彻底性；第二是大学生的主体选择性；第三是外部环境的复杂性。众所周知，检验真理的唯一方法就是通过实践，而要想验证一个理论是否具有彻底性，同样也要将其放置在实践中加以检验。

所以，围绕大学生展开的思想政治教育工作在帮助大学生解决来自思想认知方面的问题之外，还要坚持从实际出发，对大学生学习和生活中遇到的问题进行解决。从这个角度来说，开展思想政治教育工作的针对性就非常明显了，那就是引导大学生从课堂走入社会，从书本走入生活，从理论走入实践，通过以学养人的方法更好地实现知行合一。

2. 增强大学生思想政治教育的协同效应

协同育人可以激发出思想政治教育所具有的协同效应。所谓协同效应，指的就是多个因素在相互配合的过程中积极发挥作用，最终达到整体增强的发展目的。具体地说，大学生思想政治教育工作主要包括两方面内容，一是理论课程，二是日常教育。这两者相互支撑、互为补充，如果想要顺利推进大学生思想政治教育工作的开展，就要将两者有效地融合在一起，让其相互支撑，共同进步，这样才能达到全方位育人的良好效果。

在大学生思想政治教育过程中，理论课程可以说是教育开展的主渠道，其发挥的作用至关重要，正是因为设立了理论课程，思想政治教育工作才能推进得有条不紊。从最近几年的发展情况来看，随着教育改革的不断推进，思想政治理论课建设工作也取得了很多成效。客观来讲，这是一个包罗万象的大系统，其中涉及的要素纷繁多样。因此，我们在关注这个主渠道的同时，也不能放松其他渠道，只有将主阵地、多渠道的作用都发挥出来，思想政治教育工作的开展才会更加顺利。假如让理论课堂承担了所有的教育任务，那么主阵地的压力就会空前增大，思想政治教育的开展就不能完成全方位的覆盖，其影响力会逐渐削弱，最终的教育效果也将不尽如人意。其实，思想政治教育属于社会实践的范畴，在我国的各个领域，思想政治教育都在潜移默化地发挥作用。所以，开展大学生思想政治教育工作有着广泛的社会基础，而教育主体也是多样的。高校教师是其中当之无愧的主力，而高校辅导员、党组织成员甚至是学生的父母也都是这项教育工作的主体。如果各项条件具备，还会有更多的人在这项工作中作为主体出现，帮助大学生解答学习和生活中的疑惑，为他们传道授业。另外，大学生思想政治教育活动的社会性也非常明显。不管是在学习还是生活中，大学生的一言一行都会受到道德规范的约束。日常生活看似随意，其实是大学生非常重要的生活场域，他们的很多思想品德都是在日常生活中逐步形成的。高校在开展思想政治教育时，也应该对大学生的现实生活进行认真审视，选择最为适宜的切入点。随着网络时代的发展，大学生早已熟悉了新媒体。所以，高校也应该对网络予以足够重视，通过先进的技术手段积极开展网络思想政治教育。

总体而言，大学生思想政治教育工作具有较强的复杂性，要想将这项工作做好，需要将系统中各项因素的积极作用都充分发挥出来，实现专业课程和日常教育的协同发展，运用创新思维和理念打造更为完善的教育格局。

3. 确保大学生思想政治教育目标的完整性

协同育人可以保证大学生思想政治教育工作目标的完整性。高校针对大学生开展思想政治教育工作，其实就是在教给学生应该如何成为一个合格的社会主义接班人。每个个体都是知行合一的整体，也兼具了德智体美劳等各项特点。虽然在思想政治理论课和日常教育中存在很多差异，不过其根本目的都是为了立德树人，帮助大学生提升综合素质，所以要将两者有机融合在一起，这可以为顺利达成大学生思想政治教育目的打下牢固的基础。

任何人都身处社会当中，社会就是由一个一个的人共同组成的。从本质上说，人就是一切社会关系的总和，人不管是生存还是发展都和社会息息相关，而社会的发展也离不开人在其中所起的作用。所以，人的全面发展指的是充分发挥他们的主观能动性，丰富其社会关系，让其技能与品质可以同步发展，为社会进步做出更大的贡献。所以，高校要坚持立德树人，将理论课程和日常教育紧密联系在一起，将两者的优势都充分发挥出来，积极提升学生的思想道德和修养水平，让其可以实现知识与能力的同步提升，进而实现全面发展。

（四）协同育人有利于教育体系改革促进大学生全面发展

教育教学体系是一种完整的教学系统，各参与部分之间关系紧密，并以实现协同发展和综合发展作为机要和目的，但这一体系运作中存在着极大的问题，相关的体系改革和建设就显得极具必要性。首先，以高校辅导员为首的高校教学辅助教师，除了从事教育辅助作用，还承担着高校思政教育的任务，但是实际发展现状是，这样的思政教育工作安排使得高校辅助教师工作管理和思政教育体系剥离，深层次的思政教学工作得不到实现，因此高校辅助教师与高校思政教育的关系是不容忽视的，需要高校辅助教师及时与高校思政教师沟通联系，共同促进学生进步。其次，当前高校思政课内容学习与更新都是极具时代性的，因此思政教师在教育过程中必须重视自身实践能力的提升，还应该建立起完整的思政教育长效机制，实现教书、实践、科研、管理和服务育人五位一体的育人系统，并不断转变教学模式，加强学生的实践教育，最终从根本上实现思政教育的优化目的。

就高校思政课特殊含义方面来讲，学校需要通过系统的教育方式和内容，把大学生培养成为具备正确的社会价值取向，能够适应社会发展需求新道路的新人。就高校思政教师需求方面来讲，高校思政教师必须具备极强的专业技能和思想素质，在实现对党的相关政策政令、路线方针等宣讲的同时，重视和加强对高校大学生的时代性思想政治教育，引导学生培养积极的思想政治意识和素养。就高校思政教育教学理念和方法方面来讲，当前我国高校思政教育方法和理念存在很大的问题和欠缺，方式方法极为单一，也依旧重视传统教学方法的沿用，因此学生学习主动性和积极性存在极大的欠缺，也没有系统的思想政治教育指导和实践体系来引导学生进行相关的人生道路实践，学生发展过程中的实际问题便得不到更好的解决。然而真正意义上的思政教育必然要借助教师的教学理念和方法来实现学生思想道德素质的提升，通过全面系统的教育来引导学生学会积极热情地探索和解决问题，通过与社会发展紧密相关的实践活动来加强学生的自身实践，达到学生德智体美劳共同发展的目的。

二、思想政治教育协同育人的可行性

高校之所以可以实现思想政治教育协同育人，主要是因为两者在这个系统中都发挥着积极作用，内在联系非常紧密。正是因为存在着千丝万缕的联系，两者才更有可能实现协同。

（一）高校思想政治教育协同育人同质性

高校思想政治教育协同育人在高校思想政治教育工作中所起到的作用举足轻重，关于这一点，其重要性不仅体现在理论研究上，还体现在实践中。从这个角度来讲，两者具有一致的归属性。其实，高校思想政治教育体系非常复杂，而且还处于动态发展的过程当中，整体体系时而有序，时而无序，正是因为两者之间存在着转化关系，所以体系协同才更具可能性。如果将大学生思想政治教育视为一个整体，那么这个体系就有着明确的发展目标，有需要达成的任务，也会涉及明确的教育内容与方法，这些要素相互作用，共同构成了完整的教育体系。从宏观层面来说，该系统属于高等教育系统中的一个子系统，所以不管是目标设定还是实现各项功能，都必须严格按照高等教育的系统要求来执行。从自身发展来看，该体系内部也是错综复杂，涉及的教育内容应有尽有，不管是世界观、法治观还是道德观都是其中的重要内容。然而，机制运行需要人力物力等资源进行配合，同时管理学、心理学的理论也会在其中发挥作用。在大学生思想政治教育体系中，协同育人是其中非常重要的子系统，在工作开展过程中，两者也各自有着自己的体系与发展规律。同时需要注意的是，大学生思想政治教育其实和其他教育系统之间的关系也非常密切，比如党政系统、科研系统等。正是因为这些要素纷繁多样，所以大学生思想政治教育系统的复杂性才非常之强。

而且，该系统不管是主渠道还是主阵地，他们各自的系统都有着明显的特点，比如动态开放性、整体性等。正是因为有着这些具体属性，大学生思想政治教育工作才能顺应社会迅速变化的需要，积极调整自身结构，优化教学方法，在新的历史时期更好地满足学生的实际需求。另外，因为系统开放性的存在，所以高校开展思想政治教育工作需要保持和外界的密切联系，及时对子系统的功能进行合理调整，为后续的发展打下坚实的基础。所以，要讨论协同育人这个主题，就要将其放置在大学生思想政治教育的复杂体系中进行全盘考虑，这样才能满足系统论的相关要求，才能更好地完成对系统要素的优化配置，实现系统内部的平衡与协调。一般来讲，协同育人的主体有两个：一是思政课老师；二是高校辅导员。他们都需要重视对信息的汲取，要把握时事发展的趋势，要将自己的所学所想传授给学生，正确规范学生的言行，对他们的思想进行合理引导。只有经过谆谆教导，学生才可以更好地接受这些信息，并将这些内容转化为自己的知识，用以指导实践。从这里可以看出，正是因为思想政治教育工作非常复杂，协同育人才更有可行性。所以需要对系统中涉及的要素进行系统整合，将其整体效应充分发挥出来，最终形成强大的教育合力，才能在高校中打造更为完善与科学的育人格局。

（二）高校思想政治教育协同育人互补性

所谓协同指的是各种要素相互作用，最终在共性和个性方面达成了统一的关系。要想实现协同，前提和基础就是对各要素之间的关系进行协调。高校开展思想政治教育工作也是如此，专业课和思想政治教育课不管是在体系中还是工作中都存在千丝万缕的联系，只有实现组织结构的优化，协同工作才能推进得有条不紊。两者是辩证统一的关系，是落实协同策略的重中之重。体现在具体工作中，协同育人工作在教育目标、具体内容、实际方法等多个方面都存在紧密的关联。

1. 工作目标的一致性

任何行为的推进都是以工作目标为指引，这里提到的工作目标是开展工作所要实现的结果。具体到高校思想政治教育方面，其根本目标就是立德树人，其中又会细化出很多和思想政治教育有关的分支目标。在高校开展思想政治教育工作就是为了帮助学生实现理论和实践的统一，将学习和实践有机结合起来。高校不管是开展日常教育工作，还是进行服务管理，都要紧紧围绕立德树人这个中心目标来展开，要坚定不移地坚持社会主义核心价值观，积极为社会输送全面发展、综合素质较高的合格人才，让其在社会主义建设中可以发挥出中流砥柱的作用。从这个角度来讲，思想政治理论课其实和日常思想政治教育异曲同工，两者有着相同的目标和发展方向，是对立德树人宗旨的直观体现，开展教育工作的目标就是培养全面发展的时代新人。详细来分析，高校在对学生进行马克思主义教育时，通常会选择从思想政治理论课入手，这是一项专业性很强的教学任务，可以提升学生的政治素养和道德水平，带领他们更加全面地认识世界，同时赋予他们理论联系实践的能力，更好地改造世界，这种教育符合我国当前经济社会发展的客观规律，是与人才发展战略相协调的教育理念。另外，思想政治教育还要承担起实践育人的艰巨责任。具体的教育工作开展可以通过党团活动、心理咨询、班风建设等工作来实施，这些活动可能存在些许差距，不过其根本目的都是带领青少年向更好的方向发展，其中的关键点就是实现思想政治教育和理论课程的有机融合，让两者可以协同发展，如果在这个过程中任何一个环节出现问题，那么都会对高校思想政治教育协同育人工作的开展带来阻力，而育人工作的目标也就难以落实。

2. 教育过程的融通性

高校开展思想政治教育工作的形式多种多样，可以在课堂之上，也可以在实践当中，可以实施线上交流，也可以通过线下互动来完成。不管是虚拟慕课还是现场教学都能达到类似的教育效果，学生可以在潜移默化的学习中得到深刻的领悟。

具体的学习内容也非常丰富，学生在这个过程中可以学到系统的理论知识，也能获得道德修养方面的提升。总体而言，整个教育过程中每个环节之间都有着密切的关联，融通性很强，而且可以随着时间和空间的推移而延展。高校思想政治教育工作的开展涉及育人过程的方方面面。第一，在课堂教学方面，可以帮助大学生树立正确的三观，这样他们在今后的道路上可以具备明辨是非的能力，不会因为纷纷乱世而迷茫，最终走上错误的道路；第二，在日常教育过程中，学校可以创造条件多进行活动建设，为合理开展育人教育打造多个平台，这样就可以帮助学生更好地理论联系实践，让其在成长中有所领悟。

其实在育人过程中，主渠道和主阵地之间一直存在着密切的关联。如果没有理论教学，那么开展实践活动也就没有了可以依托的准则。同理，如果实践环节缺失，那么学生就无法对枯燥的理论有深刻的理解，他们也就不能更好地学以致用。正所谓"知行合一"，只有将"知"和"行"有机统一起来，协同育人的作用才能得以充分发挥，两者之间的互补作用才能得以体现，这是符合新时代发展理念和要求的新的教学尝试。

3. 教育内容的衔接性

在具体的教学内容中，高校思想政治教育不可避免地要关注一些方面。开设理论课主要是进行理论宣传和思想教育，帮助学生树立正确的世界观、人生观和价值观，形成法治观念，全面提高大学生的道德修养。然而，日常思想政治教育是从培养学生的生活习惯和实践能力开始的。虽然两者之间存在明显差异，但相关性更强。首先，理论可以在实践中起到指导作用。如果过分注重理论的灌输，而忽视学生实践能力的提高，理论课的作用就无法发挥。而且，由于不能达到学以致用的效果，学生对理论课的兴趣也就不强。随着时间的推移，他们可能会对课程感到厌倦。第二，如果理论上存在分歧，这种偏差可能会在实践中无限放大。如果大学生没有正确的理论来指导他们的活动，他们的实践活动就会迷失方向，最终陷入迷茫。例如，学生有爱国主义意识，但他们应该如何爱国呢？如果这个问题不清楚，学生的实际爱国行为可能走向极端。他们可能会偏听偏信。最后，尽管他们是爱国的，但他们可能会做出对国家造成伤害的行为。因此，在具体的教学过程中，高校应始终不渝地坚持协作教育的理念，积极加强教学内容之间的衔接，突出重点，共同发展。坚持理论联系实际，根据学生的具体特点调整教学方法，帮助学生解决学习和生活中遇到的各种思想问题，纠正他们的思想偏差，使课程的实用价值得以体现，实现马克思主义理论与日常生活的有机联系，把优越的理论知识落实到生活的细微之处。学生在日常实践中必须以理论为指导。无论是在校园文化建设中，还是在党团活动中，理论的指导作用都不容忽视。

只有这样，理论联系实际的现实意义才能显现出倍增效应，在这个过程中，理论学习的内容才能得到巩固和加强，协作教育的效果才能得到升华。

4. 工作方法的借鉴性

高校思想政治教育协作教育的重点是教育，在具体工作方法的选择上可以取长补短。实现目标的方法有很多，最重要的评价标准是它是否有效。只要我们能够坚定不移地践行"立德树人"，只要选择的方法足够科学，就应该积极地运用到教学实践过程中去。随着网络信息的普及，现代大学生有了更多的渠道获取更多的信息和知识，因此教学方法也应该与时俱进，顺应学生的学习习惯，用更多可接受的教学语言和方法提高学生的学习积极性。而且，在开展思想政治教育的时候，我们也不应该完全放弃传统的思想政治教授方式。通过这种方式，可以提高高校管理团队的学术高度，学生会对高校教师有更多的尊重，与教师的关系也会更加和谐。实际上，思想政治理论课的工作方法可以概括为"晓之以理、动之以情"八个字。它也是教学与推理有机结合的一种方式。在具体的教学工作中，教师可以给学生讲各种各样的故事，并为他们播放 PPT。显然，这种方法在效果上要优于枯燥的说教，能够达到动情的目的。日常思想政治教育工作更加严峻，大学生正处于人生最活跃的阶段。因此，在开展日常学术工作时，必须注意严肃和形式。如果没有纪律，活动的效果可能无法达到。此外，大学教师应说服学生不能盲目比较，不受约束地玩游戏，以免让学生在错误的道路上越走越远。客观地说，上述工作方法只是高校思想政治教育协同育人的开始，这是一项复杂的工作。单靠一种工作方法显然是不可能达到效果的，所以要注意"他山之石"的引导。只有同时采取多种措施，教育才能有效实行。

第二章 高校思想政治教育
协同育人概述

本章为高校思想政治教育协同育人概述，分别从四个方面进行阐述，依次是高校思想政治教育协同育人的发生根源、高校思想政治教育协同育人的理论基础、高校思想政治教育协同育人的内涵、高校思想政治教育协同育人的特征和现状。

第一节 高校思想政治教育协同育人的发生根源

一、协同育人与思想政治教育的关系

（一）协同育人是提升思想政治教育实效性的必要手段

"思想政治教育的实效性，主要指方法的可操作性，在实践中的可行性，产生良好结果的可靠性。"[1] 为了有效增强高校思想政治教育实效性水平，需要求高校内部育人主体及高校外部育人主体之间处理好协同关系。首先，协同育人能够表现为思想政治教育系统具有整体协同性的特点。教育主体、教育客体、客观环境等因素是协同育人重点和关键，需增强不同要素间的联系沟通，来达到一种最佳的育人效果。此外，当高校思想政治教育系统开展工作时，教育主体作为其中第一要素，涉及管理机构、党政机构、后勤机构、教学机构等，对整个系统起到主导性作用。教育客体也就是教育中的受教育者，即大学生，

---

[1] 张耀灿，徐志远. 现代思想政治教育学科论 [M]. 武汉：湖北人民出版社，2003.

大学生是否能够自觉接受教育信息，同时在第一时间进行反馈，将对教育实效性开展起到决定性影响。教育载体涉及教学方式、教学内容、教学目的等，在教育主体、教育客体中起到重要的桥梁平台作用。教育环境，也就是除了教育因素外，对受教育群体产生影响的全部外因的总称。相应地，高校思想政治教育质量衡量评价中，不同系统要素能否协同有决定性影响。高校，旨在能够借助协同育人机制，增强学生综合素质水平，最大程度做好校内外优质教育资源开发工作，在交流沟通期间，全面增强教育实效性水平。

（二）协同育人有效借助教育载体来推进系统育人模式建设

从开放发展角度来看，随着社会发展环境的不断转变，系统主体与系统客体如何能够结合发展实际来推进思想政治教育工作建设，在促进教育实效性发展中扮演着关键性作用。协同育人有效地运用不同教学方式，创新育人模式，充分发挥教育载体作用，尊重不同学生群体的差异，提高了教育教学资源的利用率，只有这样，才能够促进高校思想政治教育工作有序向前推进。"思政课程"其实顾名思义就是思想政治理论课程。高校所开展的思想政治教育主要指的是社会将既定的思想理论和道德规范有计划有步骤地传授给社会成员，让他们可以在正确理念的指引下完成好各项社会实践活动，在这些实践活动当中，人居于主体地位。2014年，上海市委提出了"课程思政"的理念，该理念涵盖了很多有关思想政治教育的元素，也就是将思想政治理论知识、理想追求等内容都有效地融合到高校课程教学过程当中，让学生在学习专业知识的同时接受思想政治理论的熏陶，进而使得自身的行为更加规范。这两个概念有三点相通之处：一是连接纽带都是思想政治教育元素；二是都是以育人为根本目标；三是都崇尚价值理念的引导作用。所以，要想在高校开展协同育人工作，就要将"思政课程"和"课程思政"有机联系起来。实现"思政课程"和"课程思政"有机融合的实现路径包括以下方面：

1. 从育人目标上实现各类课程的优化升级

高校培养人才的过程既要育才，同时也更要育人，这是一个相辅相成的过程，只有将育才和育人的理念融合在一起，才能真正地培养出优质的人才。课程思政的教育工作应与思政课程的教学目标、教学理念和教学方式方法保持一致。高校育人目标与各门课程的能力目标和知识目标等因素都是密切相关的。因此，在新形势下，高校的基础课以及专业课都应更新现有的教学方式方法，不只是注重在课堂上传输知识，更要注重提升学生们的综合素质，教学的过程中还要注重帮助学生树立正确的价值观，保证思政课程和课程思政教学工作步调的一致性。教师应在充分结合正确的人生观、世界观、价值观以及职业道德和社会公德的基础上设计所教授学科的教学目标，培养学生具有良好的职业品格和职业态度，在教学过程中有步骤地进行思想政治教育工作。教学过程中应明确人才的培养目标为"立德树人"，重点做好对学生的人格品质和信念理想等方面的教育工作，从而培养出符合新时代社会发展要求的高素质人才。

2. 不断创新育人的方式方法，促进课程的优化升级

在新时代的要求下各大高校只有真正做好了思想政治教育工作，才能更加顺利地完成"立德树人"的育人目标，无论是思政课程，还是课程思政，育人都是其真正的教育目标。育人是一个整体的过程，无法将其划分成若干个部分，因此，育人的过程中应保证每一个部分都能密切配合并且保证思想价值和技能培养的互相渗透，进而形成合力，保证育人目标的顺利完成。课程思政与思政课程要想真正实现协同育人，就要求教师不仅能够有效地传播学科知识，同时过程中还要渗透好思想政治教育任务，思想政治教育工作一定要更加贴近学生真实所采用的学习模式。以宣扬社会主义核心价值观以及诚实守信、民族自豪感等优秀品德作为基础来做好课程思政的教育工作，教师应多采用形式多样的教学方式方法来融合学科理论知识和技能训练的相关内容，如反思式教学和启发式教学等方法，力求在让学生掌握学科知识技能的基础上体会到他们应具备的职业精神和思想品德。举例来说，以"国际关系概论"这门学科的教学工作为例，教师通过采用多样式的教学方法进行课程思政的教学，告诉学生可以借助于马克思主义理论来对当前社会的发展形势进行科学的分析，帮助学生在学习的过程中形成正确的人生观、世界观和价值观。育人过程中同样也要明确学生的主体地位，借助于先进的教学技术和教学方法来将复杂抽象的教学内容生动地展现出来，不断提升学生的理论知识储备，让学生在实践训练的过程中真

正体会到深刻的思想政治理论所想要表达的内容。可以在省内各类高校中选出省级示范课点，并相继建设市级以及区级的示范课程，筛选出那些具备优异师德和高尚素质的教学名师团队，建设课程思政的教学研究榜样单位，以这种榜样的提升来提升省内各类高校的育人效果和水平。

3. 丰富育人教学元素，实现课程的优化升级

为了更好地促进高校课程思政与思政课程协同育人目标的顺利完成，还必须进一步地挖掘其育人元素，并对现有育人元素进行丰富。要想将思想政治元素合理地融入各门学科的教学过程中并不容易，各门学科的教师在建设课程目标时也应让思政教师参与进来。以"立德树人"的育人目标为基础，从社会主义核心价值观和职业道德教育等方面不断地丰富现有教育过程中的育人元素。互联网时代的高校大学生们是非常乐于学习新知识的，特别是那些他们感兴趣的知识，那么将可以激发学生学习兴趣的时政知识融入教学过程中就是一项关键课题了，课程思政的建设工作是需要学科教师和思政教师配合协作的，共同制定出将思政知识融入学科教学中的有效对策。当然，各学科的教学工作也切忌出现"全部思政化"的现象，应在充分分析各门课程实际特点的基础上发挥出思政理论课的引领作用，提升课程思政的育人效果。

二、高校思想政治教育协同育人的理论

（一）思想政治教育协同育人是社会主义人才培养的内在要求

高等教育，从马克思主义理论角度看，旨在培养"自由而全面发展的人"；从社会主义人才培养角度讲，旨在培养"德智体美劳全面发展的社会主义建设者和接班人"[①]，要加快培养对社会主义建设能够做出突出贡献的专业性人才，为实现中华民族伟大复兴中国梦而不断努力。从人才培养目标角度看，分科教育向前发展的大背景下，怎样才能确保思想政治教育工作顺利开展，使人才培养工程统筹开展，成为目前我们面临的主要问题。对思想政治理论课的效果及影响进行实事求是的评估，不能对其视而不见，也不能过分夸大。相应地，我

①深入学习习近平关于教育的重要论述 [M]. 北京：人民出版社，2019.

们在创新思想政治理论课期间，要在提升课程教学实效性的基础上，广泛使用日常生活中存在着的各种典型人物案例及其他教育资源，提升思想政治教育联动性水平，最大限度地确保理论课教学与实践案例教学之间的互补水平。同时，结合我国社会发展实际，建立系统完善的高校思想政治教育大格局，旨在能够从理论层面、实践层面分别做好教学工作，才能够更好促进学生的全面健康成长。

（二）思想政治教育协同育人是立德树人的科学方法

高等教育的根本任务便是立德树人。那么，怎样立"德"，又怎样树"人"，并非能够通过一次科学实验或者某一次逻辑论证就能够得到期待的结果，需要学校开展经验总结，认真了解其中的规律，提升认知的科学性和高效性水平。《深入学习习近平关于教育的重要论述》一文提到"思想政治理论课是落实立德树人根本任务的关键"[①]，并明确在高校推进立德树人建设过程中，做好思想政治理论课建设是"关键课程"。高校借助思想政治理论课，着重对学生进行职业道德、家庭美德、社会公德等各个方面的教育，引导学生形成科学的道德观念，提升学生的道德情操。只有这样，思想政治理论课建设才能在高校立德树人建设中，扮演关键角色。结合我国社会主义人才培养工作实际，在加强高校思想政治理论教学工作的基础上，还应该在实践发展中发挥其应有的育人作用，确保彼此之间能够形成良性互动的局面。分别在课堂理论教学与课下日常生活中借助不同方式来加大学生对马克思主义理论的认知，同时引导学生能够将马克思主义理论真正地付诸实践。这样才能确保高校立德树人工作发展目标的实现。

（三）思想政治教育协同育人关键是提升思政教育的质量

高校思想政治理论课教师的专业背景是思政教育、政治学等社科类学科，而辅导员的专业背景是多元化的，既有社会科学类，又有自然科学类。从专业背景的角度考虑，二者的协同育人可以将人文社科及自然科学领域的一些理论、

——————

① 深入学习习近平关于教育的重要论述 [M]. 北京：人民出版社，2019.

成果的优势发挥出来。人文精神可以让思政教育的内涵更加丰富，自然科学的成果可以开阔学生的视野，培养其专业知识。辅导员与思政课教师的协同育人，让不同专业背景的两大育人主体通过交流，产生新的教育理念及方式。激发辅导员不断提升自我能力，补齐自身的短板，逐步走向职业化发展道路，也可以让思政课教师更加关注学生日常的思想政治工作，让思想政治教育工作质量得以提升。

第二节　高校思想政治教育协同育人的理论基础

一、协同教育理论

协同教育是协同学理论应用于教育领域而形成的教育理论，它是后现代教育的重要学派，代表着未来教育的发展趋势。这一定义是1996年刘纯姣在《学校家庭协同教育构思》一文中正式提出的。

但在现代社会条件下，要培养出高素质、有个性、有特色的学生，就要采用新的育人方式或育人理念，将家庭、学校和社会及受教育者这四个要素科学整合为一个更高层次的育人系统，使家庭教育系统、学校教育系统和社会教育系统三个子系统的要素或信息相互进入，产生协同育人效应。这种整合的过程就叫作协同教育过程，其思想观点的整合就是协同教育理论。协同教育的突出优点在于：它使家庭与学校的联系更快捷更方便，师生互动更灵活更深入，社会联系更紧密更具体。协同教育可分为协同家庭教育、协同学校教育和协同社会教育三种类型。

协同家庭教育又分为学校协同家庭教育与社会协同家庭教育两种形式。前者是指作为学校教育系统的要素，如教师或学校教育媒体进入家庭教育系统，协同产生育人功能；后者是指作为社会教育系统的要素如社会教育的组织者或社会教育资源进入家庭教育系统，协同产生育人功能。比如，家长带小孩到博物馆、图书馆参观学习，或报纸、广播、电视进入家庭，由家长指导小孩学习。协同家庭教育本质上仍属于家庭教育的范畴，遵循家庭教育规律，但另外的系统要素加入后会对系统产生影响，会产生新的特点、规律与模式。因此，既要掌握一般家庭教育的特点与规律，又要把握协同家庭教育的特点与规律。

协同学校教育也分为家庭协同学校教育和社会协同学校教育两种类型。家庭协同学校教育，是家庭教育系统要素进入学校教育系统产生育人功能，社会协同学校教育，是社会教育系统进入学校教育系统产生育人功能。

协同社会教育本质仍属于社会教育范畴，遵循社会教育规律，主要包括家庭协同社会教育和学校协同社会教育两种形式。前者是指家庭教育系统要素进入社会教育系统产生育人功能，后者是指学校教育系统要素进入社会教育系统产生育人功能。比如大众传媒举办的继续教育和社会举办的职业技能培训等，主要是在学生毕业后进入社会接受的教育。如自学考试教育、技能培训和网络学位教育等都属于这一类。

二、马克思主义的普遍联系观和历史合力论

马克思主义从系统科学层面引导我们如何认识世界，掌握社会发展规律，从而来改造世界。马克思主义存在前瞻性的特点，也给人们开展思想政治教育协同育人机制相关分析提供理论支持。唯物辩证法是马克思主义理论中最重要的理论组成部分，辩证法中的内容核心便是强调联系、发展的观点，从本质上对事物发展规律进行阐释。马克思主义哲学原理的科学性和实践性，为我们做好大学生思想政治教育协同育人机制分析提供了很好的理论支持。

（一）马克思主义的普遍联系观

联系构成思想政治教育协同创新之所以能够成立的现实基础。一方面，事物是普遍联系的。马克思主义认为，整个世界是一个普遍联系的有机整体，孤立的事物是不存在的。这就启示我们，必须用普遍联系的观点看待思想政治教育协同创新，将协同创新置于相互联系的大系统、大环境中予以推进。否则，社会发展水平的局限与人为的阻隔只会使联系陷入"机械相加"的窘境，正如马克思对波拿巴王朝的评价那样，虽然小农人数众多且生活条件相同，但他们的生活方式却没有使彼此互相交往，而是互相隔离。另一方面，人与自然的联

系是考察社会历史发展的重要视角。人与自然的关系是既对立又统一的。在全球生态危机日益突出的时代境遇下，生态文明建设理应更好地纳入思想政治教育协同创新中，教育引导人们树立正确的生态观，建设天蓝、地绿、水清的美丽中国。

唯物辩证法指出我们应该从联系层面来进行问题分析，从全面角度对事物进行分析。高校教育教学实践工作开展中，思想政治教育作为其中重要组成部分，与不同领域和其他学科之间彼此影响和关联，共同构成系统健全的高校学科教育体系。其中，高校思想政治教育工作顺利开展，除了要求我们将高校内、不同高校间以及高校外多元化育人要素关联，确保这三个层面能够协调发展并维持一致性，还需要关注三者内部不同要素的协调和配合。

马克思唯物辩证法理论中，普遍联系观点是其中重要的基本原则之一。马克思指出，事物间及其内部不同要素之间存在彼此制约与影响的关系。事物普遍联系观集中表现为联系具有物质统一性的特点。世界万物均处于普遍联系之中，恩格斯指出："当我们深思熟虑地考虑自然界或人类历史或我们自己的精神活动的时候，首先呈现在我们眼前的，是一幅由种种联系和相互作用无穷无尽地交织起来的画面。"[1] 所以，从中可知，不管是在精神世界，还是在物质世界，普遍联系性是无处不在的，并且联系还具有客观性特点，人们的意志不会对联系产生影响。当且仅当处于普遍与客观的联系中，万事万物才得以不断向前发展。

联系具有普遍性能够从下列两个角度进行理解。首先，任何不同事物间均具有彼此依赖并相互影响的联系；其次，同一事物内部不同要素的联系也是彼此作用和制约的。所以，事物发展中，普遍联系是固有存在着的，涉及不同事物之间以及同一事物内部不同元素之间的联系。普遍联系中，相互作用也是其中基本内容。相互作用能够体现在彼此促进、制约或者彼此转化中，呈现出事物发展的最终发展趋势。整体来讲，普遍联系的基本主体以物质世界为主，多元化、复杂性是高校思想政治教育的主要特征，教育对象、实践活动以及教育

---

[1] 马克思，恩格斯.马克思恩格斯选集：第4卷［M］.北京：人民出版社，2012.

主体均能够算为其中的参与者，彼此间构成具有联系的统一体。

世界是普遍联系的，联系着的事物又是永恒发展的。恩格斯指出："当我们通过思维来考察自然界或人类历史或我们自己的精神活动的时候，首先呈现在我们眼前的，是一幅由种种联系和相互作用无穷无尽地交织起来的画面，其中没有任何东西是不动的和不变的，而是一切都在运动、变化、生成和消逝。"[①]思想政治教育协同创新也是不断发展的动态过程。从形式上看，这种发展表现为时间上的持续性和空间上的广延性的持续交替；从内容上看，这种发展是思想政治教育在运动形式、形态、结构、功能与关系上的不断更新。思想政治教育协同创新作为思想政治教育发展的"新事物"，既否定了传统思想政治教育不适应新条件、新形势的保守因素，又保留了传统思想政治教育的合理因素，并增添了与时代发展、社会进步、人民诉求相适应的新内容，这就决定了它在本质上优越于"旧事物"，具有强大的理论生命力与现实解释力。

协同育人机制能够理解为该有机整体的主要表现形式。作为一种社会行为，思想政治教育在构建高校内部协同育人的基础上，还非常关注不同学校之间以及高校与社会等不同主体间的协同育人建设，强调不同主体间的联系性。在高校思想政治教育开展中引入普遍联系的观点，便能够愈发关注不同主体存在着的联系整体性，并且能够从整体层面，确保不同主体要素能够有序向前推进。

（二）恩格斯的历史合力论

马克思主义唯物史观认为，社会历史的发展总是一系列参与力量综合作用的产物。历史合力论是恩格斯借用物理学范畴研究社会历史进程时提出的一个重要思想。恩格斯强调，我们自己创造着我们的历史，但受社会实践主体的个体差异与时代条件所限，"历史是这样创造的：最终的结果总是从许多单个的意志的冲突中产生出来的……各个人的意志……融合为一个总的平均数，一个

---

① 马克思，恩格斯. 马克思恩格斯选集：第3卷［M］. 北京：人民出版社，2009.

总的合力……每个意志都对合力有所贡献，因而是包括在这个合力里面的。"①
在这里恩格斯指明了社会历史的发展是多种力量"合力"的结果，这个合力来源于具有独特意志与生活条件的单个主体，又以其整体力量作用于社会历史领域。恩格斯指出，与自然发展不同，在社会历史领域内活动的是带有一定目的或自觉意图行事的人，社会历史的演进总是受客观规律支配的。马克思、恩格斯关于历史发展"合力"的学说对思想政治教育协同创新的启示在于，思想政治教育是一项复杂的系统工程，在协同创新的过程中会表现出多种力量的激烈交锋，思想政治教育协同创新就是要敢于面对多种力量的复杂冲击，善于排除各种干扰力量并引导合理力量向着思想政治教育的目标推进。

恩格斯强调，历史合力理论思想中涵盖"交互作用""合力思想"等相关理念，这有助于我们对高校思想政治教育协同育人机制进行更为系统的研究。思想政治教育工作开展中，应该关注不同育人主体合力，在高校内建立健全完善系统的协同育人体系，在确保不同育人主体能够彰显自身优势的基础上，增进彼此配合，确保能够朝着更好的未来共同努力。此外，为了提升思想政治教育发展水平，也应该增进校际交流合作。要有效地将高校的各个部门体系联合起来，形成统一的教学目标，制定合理的管理制度、奖罚分明的督促机制，这可以有效激励教师提升自身的教学能力，在课程思政方面善于用心，对于学生来说有了考核与奖罚的激励与督促，能从内心产生重视感，清楚思政教育与专业课教育同样重要。

高校的院校之间的合作要加强，打破术业有专攻的传统理念，可以开设院系之间的公共课模式，鼓励学生扩充自己的知识面。通过不同专业老师之间的磨合和协作可以总结出更有效的课程思政路线，为未来的高校思政教育道路奠定坚实的基础，真正实现我国的高校教育质量化。

三、人的本质和人的全面发展理论

一般来讲，人的成长大多是建立在现实社会关系的前提下，思想政治教育

---

① 马克思，恩格斯.马克思恩格斯选集：第 4 卷［M］.北京：人民出版社，2012.

实践开展期间，教育者主要应该协调引导受教育群体的行为及观念，同时创设一种积极的育人环境，确保人的本质调整能够与社会生产方式变革相符，能够符合社会进步发展趋势。相应地，思想政治教育工作开展期间，高校需要将其与社会实际联系起来，避免出现与社会发展相脱节的现象，从现实层面加强对受教育者的教育工作，需要我们从社会关系层面对人的价值及需求进行深入理解。早在《德意志意识形态》书中，便已经出现了"个人全面发展"的表述。结合个人全面发展理论，其中强调，人的发展并非表现为智力发展层面，还综合涉及体力、品德、社会关系等各个方面的综合发展。

某种层面上，高校思想政治教育工作开展中，人的全面发展为其提供了很强的指导效果：其形成的人的发展观，为我们了解掌握事物发展规律提供了理论参考，并且其展示的人的全面发展的必要性也为促进思想政治教育的复杂性提供了理论参考。所以，对大学生群体开展思想政治教育期间，我们需要坚持有关科学理论，分析掌握不同社会关系与人的关系，从物质层面分析影响人们思想的因素。在教育活动期间，当信息量较大时，便能够更好地对受教育群体提升思想政治品德水平起到帮助与引导作用，最大限度激发人的身心潜能，充分彰显个性，并且在思想政治教育工作开展期间将协同育人理念引入其中，确保育人目标能够顺利推进。

马克思主义强调从现实世界前提下来认识并分析事物，做好对事物的系统全面分析。其中，马克思主义强调，人的发展与社会发展具有同步性，在旧时代物质匮乏的制约性影响下，不利于提升人的全面发展水平。相应地，在工业技术发展进程中，在促进人的全面发展层面也有了更高的要求，也为带动人的全面发展带来物质前提。在《德意志意识形态》《资本论》等作品中，马克思对自由全面发展理论进行了特别系统全面的介绍。人类社会发展进程中，马克思分别从人的依赖社会、物质的依赖社会、人的全面发展社会三个不同角度对社会进行划分。其中，人的全面发展社会，也就是畅想的共产主义社会。

回归到教育领域，也存在相似之处，教育和人的全面发展存在类似的地方。在我国教育未来的发展中，教育全面发展将是一种主流趋势。人的全面发展观将会给教育发展提供引导作用。具体来讲，主要表现为以下几个层面。

1. 全面发展观能够带动教育协调发展

教育发展中引入人的全面发展观后，能够协调处理好教育内容及教育资源。现在，受到就业等诸多因素的限制，高校教育内容普遍集中在技能学术层面，而普遍对学生德育教育的关注度不足。在功利思想的作用下，针对多元化教育内容的接受认知情况，学生对应的主观表现也存在较大差异。所以，高校教育中引入全面发展观，能够将这一问题控制到最低。

2. 全面发展观能够对教育观念做好更新

在高校教育中引入人的全面发展观，能够更新教育观念。在之前社会发展期间，人们的教育观念落后保守。在人的全面发展观发展中，尊重学生的主体地位，能够统筹考虑学生思维变化的同时与时代发展实际相符合。

3. 全面发展观能够优化教育模式

目前，部分地区高校在授课模式上，依然以传统的满堂灌模式为主，不利于提升课堂教学效果。全面发展观能够最大程度增加学生学习热情，并且能够充分发挥学生的主体作用。所以，全面发展观的实施，能够创新优化教育模式，提升学生课堂学习效率。思想政治教育实践工作开展期间，不管是从教育内容上，还是从教育方式上，教育者均不能够与社会脱节。相应地，教育者也会随着社会发展出现改变。某种层面上，高校推进思想政治教育旨在能够培养更多专业人才。所以，如何开展人才培养成为教育工作主要关注的问题。学校在推进思想政治教育开展中，应该把促进学生全面发展放在首位，结合社会发展实际来做好人才培养，提升学生的全面发展水平。

四、系统论与协同学理论

（一）系统论理论

"二战"结束后，科技水平迅猛发展，以现代科学为前提，贝塔朗菲创造性地提出一般系统论的观点。系统论阐述了不同事物之间存在着的系统性特点，在随后的发展进程中，该理论凭借在实用性、科学性方面的优势不断发展。系统论指出，任何事物，不管其所属领域，还是规模范围等，特定背景下，均能够理解为一个系统。此外，业已形成的事物均是以系统方式存在着的。其中，从外部角度来说，系统论主要分析介绍不同系统间的关联；从内部角度来说，系统论主要对内部结构及其发展规律等情况进行介绍，大多表现在功能性阐述角度。与此同时，作为一种新兴科学，系统论要求我们首先需要从整体角度来对待事物，随后从宏观角度明确系统组织结构要素联系，在此基础上，分别从功能、结构等不同角度对其本质进行阐述。

现代系统论认为，系统具有整体性，各孤立的要素一旦组成整体，形成一定结构后，便具有了新的性质和功能，并且具有各要素在孤立状态下所不具备的新功能。同时，系统具有开放性，任何一个系统只有"不断地与外界进行物质、能量、信息交换"，才能保持系统的稳定性。高职思想政治教育是一个系统工程，需要构建学校"全员全过程全方位"的育人格局。根据系统论的整体性原理，高职院校各部门、人员组成的要素资源虽然处于高职思政工作系统之中，但在要素资源孤立状态下并不具有新功能，无法形成系统的整体合力，只有将这些原本分散、孤立状态下的思想政治教育要素纳入一定结构中，才能形成高职院校思想政治教育整体合力。根据系统论的开放性原理，思想政治教育不能将自己封闭、孤立起来，要持续不断地与外界进行信息、资源、能量交换，才能保持思想政治教育的稳定性和创新性。

（二）协同学理论

协同学理论认为，系统由各个要素组成，当系统内各个要素资源各自独立、互不支持时，系统会呈现出无序的状态；当系统内各个要素资源协调配合、相互支持时，系统则呈现有序运动状态。这其中包含三个要素：序参量、协同效应和自组织。只有当系统内的序参量表现出协调与合作时，系统才能从无序走向有序，产生协同效应，同时，在外部环境的作用下，系统内部会不断调整、组合，形成新的有序结构。

高职思想政治教育协同育人，一要关注思想政治教育系统中的序参量，即思想政治教育主客体要素，要将思政课教师、辅导员、党团组织人员、专业课教师、企业教师等纳入育人主体范围，将学校与企业资源、校内与校外资源、课上与课下资源、线上与线下资源、思政课与专业课资源等优化配置、合理运用，使分散的思想政治教育力量从无序向有序演化；二要形成思想政治教育协同效应，保持促进思政协同育人中的多个要素互动，促进部门融通、人员交流，最大程度调动思政工作系统的人力、财力、物力；三要形成开放的思想政治教育系统，不断与外界进行信息和能量的交换。

具体来讲，"协同导致有序"是协同学发展中的和谐理念。作为一门新兴学科，协同学重点探索分析了不同系统从无序状态朝着有序状态转变的相似性。同时，协同学重点分析了不同子系统的联合作用，在熟知不同子系统规律基础上，深入了解各个系统存在的彼此关联，在此基础上能够从宏观层面来构建不同系统的整体功能和系统结构。此外，协同学理论还专门对系统的目的性、平稳性相关机制进行明确。协同学向前发展的动力源泉主要是明确各个事物的协同原理。这些年，在社会学科等不同学科的发展中，协同学方式有着非常广泛的应用。大学思想政治教育作为一个复杂系统，由诸多不同要素构成，并且不同元素之间彼此关联、彼此影响。做好对大学生思想政治教育协同育人机制的深入探索，要求我们对协同学、系统论进行认真研究的前提下，运用普遍联系与全面发展的分析思路，从宏观层面来分析研究机制内部不同子系统中存在着的协同关系，这样有助于从根本上转变子系统在发展中存在着的无序状态，同时能够从整体角度呈现相应的功能及结构，最大程度规避不同子系统间出现彼此脱离的情况，全面提升思想政治教育效果质量水平。

（三）协同治理理论

协同治理理论是一门新兴的多学科交叉理论，是对传统以政府为唯一主体的治理困境的回应，为处理复杂公共问题提供了可行方案。尽管国内外学者对协同治理理论众说纷纭，但基本上达成了如下共识：一是多元主体共治，在公共管理领域协同治理的主体不仅包括政府，而且包括非政府组织、企业、公民等利益相关者，形成了多元主体共同参与治理的局面；二是解决复杂公共问题，协同治理面对的多是单一部门无力解决的复杂公共问题，需要借助多部门的力量，协调多方面资源，共同解决复杂的公共问题；三是基于共同价值目标，协同治理围绕共同的价值目标，达成理念共识，汇聚多方合力，解决共同面对的复杂问题；四是跨部门协作完成，协同治理需要多部门的力量，往往形成跨部门团队，致力于解决共同的问题。

协同治理理论作为一种解决复杂公共问题的治理理论，不仅能应用于公共管理领域，而且适用于高职思想政治教育领域。这一是因为思想政治教育主体多元化。从社会宏观视角看，对高职学生进行思想政治教育不仅是学校的职责，也是家庭、企业、社会的责任；从学校中观视角看，不仅高校马克思主义学院承担对学生进行思想政治教育的职责，学校其他教学部门、管理部门、服务部门等也承担着育人的重任；从教师微观视角看，对学生进行思想政治教育不仅是思政课教师的责任，也是全体教师的责任。二是因为思想政治教育内容的复杂性。从纵向看，思想政治教育是一项系统工程，贯穿于学校教育教学全过程；从横向看，思想政治教育的内容既涵盖思想政治理论课程，又包括学生日常思想政治工作，体现在学生的价值观念、学习态度、行为习惯等方方面面。当前思想政治教育存在理论与实践相分离，思政课程与思政工作相脱节，思政课教师与专业课教师难融合等问题，导致思想政治教育成为学校教育中较为复杂的公共问题。三是因为教书育人是共同的目标。高职院校秉承立德树人的根本任务，将教书育人作为职责，致力于培养高素质复合型技术技能人才，为达成这一目标需要全体教师共同努力，需要家庭、企业、社会协助配合。四是因为思想政治教育需要跨部门协作开展。学校思想政治教育不是某一个部门的任务，而是需要跨部门联合、多部门协同共同行动的任务。

第三节　高校思想政治教育协同育人的内涵

一、高校思想政治教育的协同内容

（一）思想的协同

在全媒体融场域下创建思想政治教育协同育人体系，高校应具有全局意识，加强对全媒体运行机制的了解，深究思想政治教育活动要求，然后从宏观角度出发开展顶层设计，肯定自我主体地位，兼顾育人体系中的思想理念、评价体系、制度建设，实现统一。首先，肯定全媒体"融思维"重要性，肯定思想政治教育"宏理念"的存在意义，并促进两者融合。近些年来，强势崛起的全媒体为高校思想政治教育早日达成"提质增效"创造了重要契机。此时，高校在构筑思想政治教育协同育人体系时应做到与时俱进，将"三全育人""四全媒体"融为一体，通过知悉调整大学生思想政治教育所需，知悉新旧媒体的优缺点，以此为据，实现对"纸、网、端、微、屏"的综合应用，本着循序渐进的原则将"融量、融质、融性"工作落实到位，促进"融媒体"积极影响作用的体现。

其次，从动态角度出发对思想政治教育效果进行梳理，在全媒体手段的帮助下，实现对思想政治教育实效的测量和评价。经过了解发现，大学生的思想问题兼具诸多特点，比如反复性、动态性、周期性。众所周知，面对在读大学生，高校肩负着教育和再教育的重任，旨在通过思想政治教育活动的进行，促进大学生综合素质提升。因此，高校在创建和完善思想政治教育评价体系时应注重闭环重塑功能的充分发挥，将全媒体手段视为利器针对该体系的组成要素做必要统计，并进行数据聚类分析，在优化结论的同时发现新的问题，以新问题为参考，针对大学生启动再教育活动。此外，对思想政治教育效果作动态测评，此举不但具有查漏补缺的效果，而且能够促使现有体系升级优化，促进内循环的形成。

最后，在全媒体融场域下，网络行为失范现象时有发生，对于高校思想政治教育而言，网络素养已然成了现阶段不得不关注的重要课题，需要将其提升至与网络思想政治教育制度建设同一高度。通常来说，在建设网络思想政治制度时高校应兼顾两方面：一是需要将现有的政治规定、运行机制、执行准则等落实到位，另一方面需要适度加大对网络舆情、媒介应用、舆情教育制度的考量，尽可能为网络思想政治教育活动的有序推进奠定基础。

（二）内容的协同

知悉并尊重思想政治教育内容发展规律是创建思想政治教育内容体系的必要前提，同时需要梳理时代发展与社会生活之间的内在联系，才有可能促使教育内容与社会产生互动，让两者处于和谐状态中，且拥有源源不断的成长能力。

在新时代全媒体融场域下，高校需要将时代因素融入理论、实践和管控活动中，以此为据丰富高校思想政治教育内容体系，面对传统内容提取精华，去除糟粕，并注重内容延展，将以下原则视为重点。

首先，强化基本理论内容，结合客观所需促使基本理论内容向着多元化方向发展。从理论角度来看，坚守马克思主义意识形态基本理论内容，有助于高校思想政治教育活动坚持发展方向，且契合时代发展。高校还需要加强对全媒体技术的合理应用，将其作为优化基本理论内容的重要利器。固守基础，并实现创新。高校作为教育主体在满足内容创新三维度要求的同时，还需要赋予思想政治教育内容更多表现形式，并注重其科学性、有效性和人本性的增加。比如，在设计和优化教学 PPT 时加强对 HTML 的合理应用，将学校的微信公众号平台作为内容公布的首选，开启问卷调查活动时实现对网络 App 客户端的使用，有意识地将 MOOC 融入高校思想政治理论课的实践教学中。此外，在视听新媒体技术的帮助下也赋予了课程思政更多趣味性，增加了其感染力和实效。

其次，在全媒体融场域下，高校应加大对实践内容了解，将其作为理论内容不可或缺的补充，提升各类学习载体的出现概率，以受众需求为据，体现全媒体方式实践效果。比如：高校在举办以下活动中需要将思政元素融入其中，一是奖学金评定和发放；二是贫困生的识别和资助；三是诚信活动教育开展；四是班级文明和宿舍文明建设等。同时，思想政治教育实现了对全媒体"号召力"这一功能的应用。比如，基于 XML 技术实现思想政治教育大数据模型的构筑，丰富实践内容呈现方式，给予思想政治教育活动更多针对性、时效性与实效性等特点。

最后，合理管控思想政治教育内容。全媒体融场域下的思想政治教育活动实施效果与外部网络环境之间有着密切关联。高校应具有强烈的危机意识，以事实为据，为网络思想政治教育内容建设和制度建设奠定基础，安排专人负责学校官网建设，注册官方微博及抖音号等，在主流媒体的帮助下，将存在于教育环境中的负能力剔除在外，当全媒体传播如愿在法治轨道上运行时，高校思想政治教育的"纯正度"定会得到改善。

（三）方法的协同

2019 年 1 月 25 日，习近平总书记在中共中央政治局就全媒体时代和媒体融合发展举行第十二次集体学习时，提出"四全媒体"概念，迅速在传播领域内成为焦点。"四全媒体"是指全程媒体、全息媒体、全员媒体、全效媒体。[①]

全程媒体与全过程育人。全程媒体是全媒体充分发挥交互作用的表达方式，它能够有效化解时空带来的束缚，见证大学生成才全过程。高校需要根据各年级学生学习目标与学生个性化所需，将全媒体手段融入课堂教学、实践活动的开展中，继而促进不同教育目标的顺利达成，将思想政治教育的全过程育人呈现到公众面前，并注重改善。

全息媒体与全方位育人。具体来看，全息媒体依赖技术性载体，为信息传递提供更多路径和选择空间，打破一维物流介质传播所具有的局限性。在开启思想政治教育活动时，高校需要从总体角度出发，借助数据分析、观察法等方式对碎片化资源的发展和传播规律等进行梳理，为学生随时接受教育提供更多可能性，促进立体化协同育人优势的显现，最终实现全方位育人这一目的。

全员媒体与全员育人。全员媒体打破了主体尺度的桎梏。结合思想政治教育活动来看，在全媒体使用人员的推动下，思想政治教育原有的"一对多"特点将会逐渐被"多对多"所取代，助力全员育人目的达成。具体来看以上目标的实现需要做到两点：一是在学生党员、党支部书记、二级党委、党委等参与主体的努力下促进纵向层状结构思想政治教育队伍的形成；二是在学生、家庭、社会、学校的推动下完成横向网型结构思想政治教育队伍的组建。伴随着两支队伍"意见领袖"作用的发挥，全员媒体能够实现对全员育人格局多层次多维度的打造。最后，实现全效媒体与"三全育人"整体效果。

在全效媒体的协助下，"三全育人"公共概率能够得到大幅提升。同时，"三全育人"各环节能够实现彼此衔接，为育人成果的顺利转化创造更多有利

---

① 推动媒体融合向纵深发展巩固全党全国人民共同思想基础 [N]. 人民日报，2019-01-26（001）.

条件，给予各参与主体更多责任感。

从以上分析中能够得出，高校必须要出台各种措施来推进思想政治教育协同育人机制。其中，针对内容协同，可以仔细做好以下两点。

1. 政治素养教育协同

思想政治教育开展中，培育学生政治素养是其中主要内容之一，具体内容涉及思想品德教育、思想政治素养教育等。某种层面上，思想政治素养教育其中涵盖党建团建有关内容，学校应该引导学生增强入党积极性，促进多元化党团活动有序开展。从广义层面上看，学生心理教育也属于思想政治模块的内容，辅导员在做好对学生思想政治教育的基础上，还应该做好与学校心理咨询处专业老师的配合交流。

2. 就业指导协同

高校教育工作开展中，就业指导是其中主要内容之一。首先，高校教育开展应该严格遵循以就业为导向的原则，为学生开展就业指导期间应该严格结合不同学生的实际有序进行，健全优化高校就业指导平台。其次，学生入学之初，学校便应该为其开展相应的职业规划指导，引领学生确立发展方向。最后，在职业规划教育上，学校还应该将心理教育机制引入其中。

二、高校思想政治教育协同育人的内涵分析

"协同育人"理念，与目前高等教育发展存在异曲同工的作用。高校思想政治教育机制在发展过程中，把"协同育人"理念融入其中，除了能够回应目前高校改革，也能够全面增强学校人才培养质量水平。因此，高校做好"协同育人"机制建设，能够整合教育资源利用率，发挥不同主体间的优势，实现思想政治教育最大化育人目标。所以，我们在优化育人机制建设期间，应该时刻以"育人"为指导，做好校内外优质资源优化整合，在思想政治教育协同育人机制建设中把不同育人要素纳入其中，增强不同要素整体利用水平。

协同，其含义是"各方互相配合或甲方协助乙方做某件事"[1]。从中我们

---

① 程莹基. 地方高校服务区域经济建设研究：以江西为例 [M]. 北京：人民出版社，2018.

能够看出，协同是注重不同主体拥有互动目标性并且通过不同主体彼此合作来达到共同目标的现象。协同也是协同学中基本的概念。协同学理论对"协同"的概念是这样界定的："在复杂系统内部，不同子系统间彼此配合与相互影响形成合作与协同效应。在协同作用下，系统维持在自组织水平下，表现为宏观层面就是该复杂系统拥有的结构与功能。"思想政治教育系统具有复杂性的特点，其中涉及诸多不同子系统。某种层面上，系统内不同要素表现出的协同合作水平，将直接关系到学校教育目标以及学校育人效果能否实现。所以，不管是针对理论教育，还是针对实践教学，均应该处理协调好思想政治教育和协同理念的联系，这样做具有重要作用。

现代意义上的协同理论的创立者为赫尔曼·哈肯。20 世纪 70 年代，赫尔曼·哈肯创造性地提出协同学理论体系。结合协同理论，其重点表现为处于非平衡态的开放系统下怎样借助系统内部协同，促进有序结构科学合理形成发展，同时可以和外界之间开展能量交换与物质交换。

赫尔曼·哈肯以诸多复杂开放系统为切入点，对它们从旧结构朝着新结构转变发展中存在着的相似之处进行系统研究，寻找如何从无序状态朝着有序状态转变发展的规律，由此能够得到系统内部诸多子系统协同效应有助于促进系统整体性的产生与发展的结论。总之，协同论出现之后，在不断发展中应用愈发广泛，存在普遍适用性的特点。

1. 协同效应

协同效应，即在复杂的系统发展中，内部不同组成要素彼此影响而出现的整体效应结果。其中，不管是在社会系统，还是在自然系统中，当且仅当出现能够和外部环境中资源和信息能量的交换，系统内不同子系统便能够出现协同效果。相应地，在这一作用影响下，能够确保系统处于临界水平时出现质变，由此发生协同效应。在这一效应影响下，能够令系统从无序状态朝着有序状态方向转变，确保系统发展能够形成稳定结构。

2. 伺服原理

伺服原理，着重分析了系统发展中稳定因素与不稳定因素彼此影响期间，系统内快变量服从慢变量，形成系统自组织的过程。其中，在不稳定区间以及稳定区间所处的临界位置，仅仅存在序参量。这里，部分集体变量在很大程度上会对子系统其他变量行为产生支配性效果，确保系统能够顺利运转。

3. 自组织原理

自组织原理，表现为某一系统在不接受外部指令背景下，不同子系统发挥自身自主性及内在性，结合某一规则，借助不同子系统彼此协作交流，由此构成相应的功能及结构。系统出现自组织行为的关键条件便为系统非线性作用。换句话说，非线性作用，表现为系统内不同子部门和不同子系统之间存在的彼此联系，使得不同系统中出现任何细微变动，均会对系统带来较大的影响。总之，在协同作用影响下，系统可以自行发展演化，由此能够达到一种功能有序状态。

第四节　高校思想政治教育协同育人的特征和现状

一、高校思想政治教育协同育人的特征分析

高校思想政治教育协同育人是指在高校教育系统中，各育人主体以立德树人为根本任务，以培养高素质技术技能型人才为目标，在系统内实现思想政治教育资源共享、优势互补、责任共担、利益共赢的有效互动过程。其特征在于：

（一）系统性

高校思想政治教育是一个系统工程，不能将其划分为某个单位、某个部门、某个群体的责任，不能将其视为阶段性、暂时性、一劳永逸的工作。在高校教育系统中，学校、家庭、企业、社会都是思想政治教育的利益相关者，学校内部各部门和全体教师都有育人责任，各育人主体在系统中围绕育人目标持续而动态地进行资源和能量的交换，形成思想政治教育合力。

（二）主体多元性

要突破思政工作者（思政课教师和辅导员）是思想政治教育唯一主体的思

维局限，确立多元主体在思政教育中的明确地位，要将校内思政课教师、辅导员、党团工作者、专业课教师、管理岗位教师等，合作企业中的优秀企业家、工程师、技师，优秀校友，学生家长，社会各行各业优秀典型人物等纳入高校思想政治教育系统中，调动各主体在思政教育中的积极性和主动性，形成灵活多样的思政教育协同机制和大思政格局。

（三）目标一致性

共同的育人目标是高校思想政治教育协同育人的核心。各育人主体虽有不同的行业岗位、身份角色和价值追求，但在协同育人系统中需要形成观念认同，要以立德树人为根本任务，以培养高素质技术技能型人才为目标，使各项工作围绕这一目标开展，促进资源共享，形成协同效应。

（四）要素互动性

系统中各要素不是静止的、孤立的，而是运动的、联系的。高校思想政治教育协同育人应当在持续不断地有效互动中实现资源共享、优势互补、责任共担、利益共赢。

二、高校思想政治教育协同育人的发展现状

高校思想政治教育具有系统性的特点，需要高校师生最大限度地提升自组织水平，增进彼此间协同效应的发展。但是，传统思想政治教育工作主要是以科层式组织以及专业化分工为前提，不同部门间存在突出的工作界限，各自缺乏对整体的关注，不同育人主体在协同配合理念上存在欠缺，彼此之间很难配合交流，在很大程度上会对思想政治教育的质量产生直接影响。

（一）顶层设计相对缺乏整体性构思

顶层设计主要从总揽全局角度入手，对工程不同要素及层次进行综合考量，结合项目最高层次来制定解决问题的方案，为思想政治教育工作的开展提供方向指引。

目前，高校育人主体在一定程度上存在着与思想政治工作发展不和谐的地方。比如，高校马克思主义学院、宣传部门等的关系处于平行状态，彼此间并非是隶属关系，不同部门有各自的职责。各个部门在实际工作中以各自工作职责开展工作任务，在发展理念以及发展目标上存在偏差，并且不同部门间并未建立完善的信息沟通体系，在活动规划上缺乏密切配合。同时，思想政治教育工作开展前或开展过程中并未形成系统规划方案以及顶层设计思路。教育主体没有形成确切的科学定位认知，特别是在协同育人方面没有形成一致意见，导致协同育人格局很难能够形成。

另外，从研究生思想政治教育工作开展情况来看，教育工作仅仅停留在院系学生工作系统之内。课堂教育教学工作重点集中在研究生科研能力提升方面，而对研究生社会责任、性格塑造等方面能力的培养有所忽略，甚至一些人片面地认为这是班级辅导员的责任。此外，研究生导师与辅导员对于研究生德育教育工作存在彼此推诿的现象，辅导员片面地将研究生德育教育归为导师的职责，而辅导员的工作职责则主要表现在学生就业辅导、学生日常生活管理、开展心理辅导以及其他后勤保障等方面。所以，在思想认知上存在不一致的情况，不同教育主体就很难针对"协同育人"形成一致意见，不利于协同育人局面的发展和优化。新时代背景下，怎样最大限度地将构建思想政治教育机制与做好协同育人工作联系起来，确保机制内不同要素能够借助某一方式达到良性互动的状态，同时形成协同效应，有效提高思想政治教育实效性水平，是高校领导者在学校管理工作中应该特别关注的问题。从部门设置以及部门职责角度来讲，有关部门在做好学生思想政治教育工作的同时，还有其他工作目标任务，由此导致不同部门在完成思想政治教育培养目标过程中，默契度相对欠缺，不利于形成和谐的运行体系。在实际调研期间，我们发现，部分高校即便能够积极响应国家倡导的协同育人思路，能够构建完善健全的思想政治教育协同育人体系，该体制在具体运行过程中，并没有能够达到理想的效果；也有部分高校即便建立了不同主体共同参与的思想政治教育机制，这种机制也仅仅徒有其表，工作具体开展过程中缺乏必要的资金及制度扶持，这样不利于协同育人顺利有序开展。所以，我们为了能够更好地协调好这些问题，管理者应该从学校发展的宏观角度入手，在促进学生全面有序发展的基础上，按照协同育人发展要求，通过不同主体共同参与的机制，做好不同主体之间的配合与协调，推进顶层设计工作有序顺利开展。

（二）协同育人尚未强化制度保障

在调研中发现，该问题具体表现为下列两点：第一，用于开展思想政治教育工作的资金投入量较低。高校思想政治教育工作开展过程中，即便国家及学校对其有专项经费扶持，不过相对其他非985、211高校，与用在管理层面、教学层面上的经费支出比起来，这些学校用于做好学生思想政治教育方面相关经费支出普遍较低。同时，相关经费主要用来改善师生生活，激励人们有更加优异的表现。在推进学校教育教学工作开展过程中，思想政治教育工作者很难能够充分发挥自身的职责。第二，高校思想政治教育并未形成健全的规章制度。部分高校在制定规章制度时，依然存在严谨性不强的问题，敷衍了事问题突出。所以，有待于我们对规章合理性与规章科学性进行深入分析。也有部分高校制定规章制度缺乏可行性。规章制度制定时，针对各种情况的出现存在过于自信的现象，使得规章制度除了制约并影响可行性的同时，也导致诸多理应有序推进的工作出现诸多不足，更别说教育效果了。

（三）教育资源整合机制并未完善

从系统协同效应入手，不同主体人际关系的互补与协调为开展思想政治教育工作奠定重要基础。不过，受边界约束条件的影响，不管是外界要素影响，还是系统内部冲击，均会不同程度影响到不同要素间的协同发展。目前，高校学生大多能够从不同渠道来接受思想政治教育，与之前相比，不同学生间思维差异性与思维选择性有了很大的提升。这一背景下，要求我们深入做好主体协同工作。当且仅当不同主体间加强配合与协调时，高校教育才能最终达到协同育人所期待的合力水平。不过，现在高校思想政治教育主要包括课堂理论教学与课外辅导员实践引导两个不同的方面，彼此间缺乏协同发展动力，没有形成健全的考核评价模式，由此导致专业教师与学校辅导员之间很难能够进行协同教学。同时，部分辅导员专业学科知识不足，教学工作积极性匮乏，使得他们不愿意去承担课堂教学工作。教育主体缺乏教学实践动力，并且没有形成系统的协同育人体系，这样也就不能形成思想政治教育的合力。由于没有形成科学评价体系，在导师对研究生思想政治工作的评价方面，导师所在院系并没有设立相应的评价考核方式；由于缺乏相应的激励体系，高校管理服务岗位工作人员绩效、激励模式并不完善。考虑到制度建设存在很大的滞后性，借助制度优势来做资源整合工作很难能够达到应有的效果。部分高校内部协同机制发展期间，我们能够发现，作为学校思想政治工作者，人们与高校德育工作部门间并没有建立健全系统的育人机制，不利于提升资源整体利用效率水平，也并未建立科学的协同育人体系。人们只从自我工作职责层面来进行工作，而没有与其他部门相互配合，这样也对协同育人教育工作的开展产生了极大的阻碍。例如，部分高校职能部门盲目地安排辅导员来落实思想政治教育工作，导致高校辅导员工作压力增加，并且由于辅导员日常工作较为繁重，在很大程度上对思想政治教育工作有效落实造成很大的冲击。换句话说，不管是高校内部，还是各个高校之间，均拥有非常丰富的思想政治教育资源，各校之间应该加强合作，增强资源整体利用效率。不过，高校在实践应用中，存在着忽略这些教育资源的情况，更没有能够将这些资源应用到思想政治教育实践发展之中。所以说，受到这些因素的影响，不利于全面提升思想政治教育协同育人体系发展。

（四）育人主体德育自觉的激励欠缺

价值多元化发展背景下，不同群体有着各自不同的目标，有着特有的职业发展规划。在繁重的生活及科研压力下，高校教师在做好日常科研工作的同时，还应该肩负起对学生的思想政治教育工作。社会对教师职责的期待，"十大"育人体系与师生互动不同场域之间密切关联，以上均要求高校教师增强育德自觉。在社会不断向前推进发展中，无疑在很大程度上增加了学生思想工作难度，思想政治教育内容在今后发展进程中，需要从原有的显性政治规范引导发展到隐性价值。某种层面上，承担上述工作的育人主体要增强育德自觉。没有充分整合教育主体资源，也没有达到育人资源共享，由此很难能够形成交汇协力。由于特殊的工作性质,作为研究生育人主体,他们具备非自愿所急需的资源,不同资源之间的协调,能够进一步促进协同育人发展。首先,在各自专业发展领域,研究生导师具有一定的话语权,导师日常行为在很大程度上将会对研究生行为产生影响,这些均是学校辅导员很难能够比拟的。其次,相对于研究生导师来讲,辅导员亲和力更强,通过言传身教能够将师生冲突予以化解,这样也给辅导员为研究生做好思想政治教育工作提供了可能。与此同时,在对研究生开展思想政治教育期间,辅导员在其中起到的作用具有阶段性特点。实际发展中,辅导员与研究生导师之间联系性不强,彼此间缺乏必要的沟通。特别是在导师负责制背景下,也对辅导员工作开展造成了很大的障碍。

(五)协同育人推进缺乏平台有效共享

目前,部分高校对大学生思想政治教育的主要途径依然是政治理论课和思修"两课",教学大纲内容没有根据时代发展而做出相应调整,教学方式大多数也是在课堂上以"填鸭式"方式教学,缺乏寓教于乐的活动,让同学们很难将书本知识和理论实践相结合。再加上很多学校没有完全利用新形式的平台教学如网络教学、微视频、大数据远程课程等,导致很多学生觉得上理论课程学习是一件枯燥乏味的事情,其学习的效果自然不理想。另外很多高校没有把思政理论课、思政实践课、专业文化课、团学课程、校园第二课程等不同课程互相融合,缺乏密切协作,难以满足思政教育协同育人的发挥集成效应及多样化要求。

例如,高校学工部以及教育部之间并未形成共享体系,导致学生辅导员对学生学习情况很难能够及时了解。一旦学生得到学业预警,通常是由教务人员来向辅导员发出通知,由辅导员对学生开展必要的辅导和提出相关解决方案,避免学生产生心理压力。

(六)协同育人衔接机制缺乏

思政教育协同育人与校企、社会团体缺乏有效的衔接机制。高校与合作企业协作育人环节的薄弱一直是校企人才培养的瓶颈，打破校企协同育人的僵局关键在于两者没有深度融合、广泛合作，企业也没有积极参与到高校制订的思政教育培养方案中。虽然大部分校企为学生提供一线的实习培训环境，但并未以社会实践生产生活案例为契机，也未充分发挥企业思想政治育人主体作用，另外企业的行政工作人员本身的思想政治水平与高校思政专兼职教师也不可同日而语。企业的经营理念和价值追求往往具有明显的局限性，其企业文化与高校强调的教学育人思想往往是各行其是，相互融合度较少。

第三章　高校思想政治教育
协同育人的内容

本章为高校思想政治教育协同育人的内容，分别从四个方面进行阐述，依次是高校思想政治教育协同主体要素及其关系、媒体融合下高校思想政治教育协同育人机制、"立德树人"视域下高校思想政治教育协同育人机制、"双一流"背景下高校思想政治教育协同育人机制。

第一节　高校思想政治教育协同主体要素及其关系

一、高校思想政治教育协同要素

（一）思想政治教育主体

教育主体即在课堂教学开展中的教育者。教育主体的工作职责表现为引导教育对象并指导教育实践活动有序开展。在高校思想政治教育主体协同育人活动中，首先，教育工作者需要关注自我主导性角色。高校思想政治教育工作者在开展工作时，需要切实起到引领作用，意识到工作内容对学生成长的积极作用。教育主体还应该结合社会发展实际，不断提升自身综合能力水平，加强学习，提升自我创新观念，增强自我职业道德素养。在思想政治教育开展过程中，教师起到传播者的作用，他们应该从宏观角度入手，为学生提升学习水平增强信心，把自我发展与国家发展融合起来，不断提升责任与担当意识。在协同育人机制开展过程中，教师作为育人主体，还需要拥有协同精神、创新教育教学模式，确保能够最终实现既定的育人目标。

高校有序开展思想政治教育实践活动，除了能够给教育对象提供发展平台外，也可以给教育主体创设更多增进彼此情感的机会。教育实践活动能否顺利开展，关系到能否给师生提供实现积极良好沟通交流的平台。具体来讲，高校思想政治教育实践能够借助下列几点来确保工作开展：第一，隐性教育。教育实践活动开展期间，不同教育主体之间的彼此影响，能够充分有效地转化教育理念与教育知识，以此能够推进隐性教育开展。第二，内化教育。通过思想政治教育实践，旨在能够促进学生能够达到一种"知行合一"的状态。积极的思想道德修养能够为社会发展注入发展动力。借助内化教育，教育对象能够不断加深对思想政治教育有关内容的认知，形成科学的价值观念，以此能够实现内化作用。第三，沟通教育。协同育人实践活动的开展，通常是建立在教育主体与对象积极交流基础上的，具有动态性的特点。教师在彼此沟通交流期间能够完成从最初的思想意识形态到具体实践过程的转变，为深入做好沟通教育工作提供指导。

构建高校思想政治教育主体协同，即不同育人主体能够在严格参照思想政治协同育人规律前提下开展协同优化。构建主体协同具有开放性的特点，教育主体均应该融入其中。此外，思想政治教育推进期间，育人机制在其中多次探索发展，对不同主体之间存在着的磨合度等情况进行合理调整。高校应对思想政治教育协同育人不同参与主体的关联予以科学把握。

具体来讲，不同参与主体的关系体现在下列几点。

1. 独立性

不同参与主体间是彼此独立的，各个主体在所在领域发挥作用，自身便存在差异性。不同参与主体应该履行的职能主要包括：教育对象接受教育主体的指导，借助多元化教育实践活动，能够促使教育对象与教育主体之间加快融合发展，教育主体对教育对象思想政治水平提升起到指导作用。不同主体均发挥自身主观能动性水平，在所在领域形成差异化意识思维。协同育人期间，教师方式、教育效果等均存在很大的不同，不同主体均具有独立性的特点。

2. 主动性

在育人机制实施期间，不同协同育人主体能够对其他育人主体起到影响作用，不同育人主体借助机制作用来转变之前保守的教育风格，由此构成全新协同育人模式，确保能够与有关要素彼此融合发展，在磨合发展期间能够实现既定的协同育人的效果，同时，在实现协同效应基础上，不同的育人主体应积极主动地融入协同育人各个过程中。

3. 开拓性

协同育人不同参与主体在拥有主动性、独立性特征的同时，还应该具备开拓性。协同育人机制模式下，不同育人主体的存在均彼此独立，需要我们发挥主体的主观能动性水平，分别从内容层面、制度层面等不同角度加强优化创新。思想政治教育系统内部增强协同。思想政治课程有助于有效地为大学生群体开展各种类型的思想政治教育。同时，教师应该增强认知，制定合理的教学规划，为培养学生道德品质贡献力量。另外，思想政治教育课程对应子课程也应该增进关联，在培养学生道德品质工作中，管理者与教育者也需要做好协同。此外，思想政治课程专业教师日常需要增进与辅导员等不同教学主体的沟通交流，从不同层面来掌握学生思想政治素养情况，确保学生辅导员能够更好地开展工作，提升工作针对性水平。专业课教师还应该结合学生学习情况，及时汇总分析课堂教学中存在的不足，把学生思想政治素养情况向党团支部反映，促进高校思想政治教育工作的优化提升。做好学生思想政治教育，不应该仅仅停留在课堂教学之中，还应该在拓展多元化实践活动方面下功夫。

具体来讲，思想政治教育系统能够最大限度发挥学生社团的作用，以此来对学生思想政治素养产生潜移默化的影响。当然，多种类型的实践活动也与协同育人理念相符。做好思想政治理论课教师与专业教师之间的协同。借助这一方式，可以培养更多专业复合型人才。为了进一步增进思想政治教育教师与专业教师之间的交流与合作，作为专业教师，需要不断增强自身思想政治素养，在对学生开展专业教育期间落实全面育人理念。在教师引进方面，学校也应该做好理念把握，制定严格规范的教师选拔标准，特别是在教师职业道德、思想政治素养等方面做好考察。入职之后，学校还应该定期为教师做好与政治有关的学习培训，确保专业教师能够实时了解掌握最新政治理论知识，确保专业教师能够在日常课堂教学中，适当为学生穿插讲解一些思想政治理念，发挥教师的责任与担当。另外，在专业课任职教师与思想政治教育教师之间，学校还应该建立完善的沟通体系，在专业教育内容中增加与德育教育有关的内容。对于部分学术问题，专业教师还应该从思想政治层面入手，做好判断，为学生灌输正确的学术理念。

（二）思想政治教育对象

思想政治教育对象，即开展思想政治教育期间的受教育者，这里专指高校学生。教育对象受教育效果在很大程度上可以理解为教育的一种终端体现。与实践活动、教育主体比起来，教育对象即便通常处于被动角色，也并不会对教育对象主观能动性的发挥造成影响。思想政治教育工作开展过程中，怎样提升教育对象的学习热情，是人们研究的主要问题，具体能够借助"三个积极"来落实：第一，自觉学习教育有关理论。新时代发展背景下，高校思想政治教育开展过程中，其育人理念主要表现为"立德树人"，落实贯彻这一理念，并不是在短时间内能够实现的，教育主体应该在长时间范围内对教育对象做好传授工作。相应地，教育对象也应该积极响应，在彼此配合中不断向前发展；第二，有序融入各种实践教育之中。在此期间，能够最大限度地发挥教育对象主观能动性水平。比如，不同学生具有不同的性格差异、不同的成长速度等。教学实践过程中，作为教育主体，应该结合不同学生的实际情况，有针对性地开展各种实践活动，旨在能够实现教学实效最大化；第三，不断进行思想政治教育期间的自我调节。大学生提升自我管理水平是大学生的一项必备素养。借助理论与实践相结合的方式对大学生进行思想政治教育，能够有效发挥教育功能。

二、高校思想政治教育协同要素关系分析

我们在对该机制开展要素分析时，应该重点关注以下几个不同方面的内容。

（一）主体要素

主体要素，即在机制内具有思想政治教育任务的组织及个人，结合对应领域的不同，能够将主体要素划分为校内育人主体、校际育人主体、校外育人主

体三个不同的方面。其中，校内育人主体为在高校内部专门开展与思想政治教育有关工作的教职人员，诸如思想政治理论课教师、校内管理人员等均可以算入其中；校际育人主体为不同高校为了能够达到协同育人的目标而形成的联合育人组织的成员，诸如权威专家学者、优秀思想政治理论课教师等；校外育人主体主要为在校外的以思想政治教育为主要任务的组织及个人。

（二）客体要素

客体要素，为思想政治教育育人对象。高校本科生就是其中的客体要素。高校思想政治教育协同育人机制构建期间，教育客体的配合能够最大限度地激发教育主体育人的热情，提高育人质量水平。所以，我们在执行客体激励时，需要借助科学合理的方式，全面增强大学生群体的参与热情，有效发挥学生及学生团体的能动作用，确保他们能够积极地融入高校思想政治教育工作中来。以此为前提，在和教育助推彼此合作基础上，确保机制顺利开展。

（三）介体要素

介体要素，即与思想政治教育有关的方式方法。高校思想政治教育协同育人机制涉及的教育内容非常丰富，相关教育内容主要表现为人生价值、职业道德、爱国理念、世界观等不同方面。同时，教育方式也具有多元化的特点，涉及知识讲座、网络授课、榜样传播等。实际教育实践开展过程中，教育者应该改变原有的说教模式，借助大学生能够接受的方式方法，确保教育内容能够对大学生群体产生潜移默化的影响，引导大学生能够将其转化为行动的动力。只有这样，才能够真正地发挥机制影响力。

（四）机制分类和彼此关系

目前，针对思想政治教育机制划分，专家学者并未形成确切的权威观点，不同学者由于分析问题角度的差异，提出的有关分类标准也存在较大的差异。思想政治教育机制的划分标准主要从机制功能、机制所属范围两个角度进行分析。

从机制功能角度看，我们能够分别从激励机制、运行机制、保障机制三个角度对高校思想政治教育协同育人机制进行分析。其中，运行机制，即对思想政治教育活动造成影响的，能够彼此关联与影响的各种工作方式的总称。健全平稳的运行体系，有助于确保思想政治教育实践活动能够更为高效运转。激励机制，也就是能够借助达到个体精神及物质需求的形式激发要素在系统运行期间的能动性体系。借助激励机制，能够最大限度地提升思想政治教育主体与客体的能动性水平，确保能够实现最大化效果。保障机制，也就是专门给思想政治教育协同育人提供与之适应的内部条件与外部条件，这样能够确保思想政治教育顺利开展。具体来讲，按照保障内容的不同，保障机制主要划分为组织保障机制、物质保障机制以及队伍保障机制。

结合机制运行范围的差异，该协同育人机制能够具体划分为校际协作机制、校内运行机制、校外联动机制三种不同的类型。校内运行机制，表现为高校内部思想政治教育体系，具体涉及高校管理、高校服务及日常教学等不同方面彼此协作的体系。校际协作机制，表现为不同高校间存在的思想政治教育机制，主要涉及校际优质思政课程资源共享体制、区域性高校联合培养机制等。校外联动机制，表现为凭借高校外部不同育人要素构成的一种育人体系，主要涉及产学研联动育人体制等。

结合差异化标准，可以以高校思想政治教育协同育人机制系统为分析对象，对其中不同子机制进行划分，不过思想政治教育实践开展期间，不同具体机制间的界定并不是非常严格，各个机制间是彼此影响、彼此关联的。也就是说，当且仅当不同机制及要素能够形成完善系统的联系时，思想政治教育育人功能才能够充分显现出来。所以，机制构建期间，首先，我们需要确定机制存在的必要性，明确不同机制及其对应的作用，妥善处理协调好不同机制的关系；其次，了解不同机制在功能及结构上具有交叉性，机制运行期间，针对其中有关机制功能不能够过于弱化或者过于强化。

第二节 媒体融合下高校思想政治教育协同育人机制

一、媒体融合与高校思想政治教育协同育人的含义

近年来，随着改革开放的持续深化和市场经济的飞速发展，高校思想政治教育工作面临着新的客观环境。在媒体融合的背景下，高校应以"协同育人"为理念，以"高效育人"为目标，审时度势，紧握机缘，积极推动思想政治教育的机制改革。

媒体融合，即新旧媒体之间的交融和整合，是指广播、电视、报纸等传统媒体和手机、互联网、移动客户端等新兴媒体之间的融会发展。近几年，随着网络平台的拓展和数字技术的革新，媒体融合成为全球范围内的一种潮流。

"协同育人"是高校思想政治育人机制的重点，核心理念是"协同致使有序"。协同育人意味着高校思想政治教育工作的开展不是一个单方面施力的过程，需要整个教育系统内的各要素互相协同。在协同论的理论支撑下，高校思想政治教育的协同育人机制得以建构。

二、新媒体的出现对高校思想政治教育带来的影响

（一）积极方面

首先，拓宽了信息的渠道和来源。大学生的信息交流由于新媒体的产生而变得多样化，由于新媒体的时效性高，并且信息量大，所以新形势下的高校思想政治教育，既要坚持传统的内容和教学模式，又要结合现代的教学方法，才能有效地做好大学生教育工作。

其次，新媒体的出现满足了大学生的个性发展以及对情感的需求。一小部分大学生刚刚从高中转变到大学中时，会对新的独立的环境产生恐惧，因此不能很好地适应，当面对很多疑难问题的时候一般都会产生巨大的压力，可能还会很紧张到迷失自我，新媒体平台的出现则给了他们一个释放压力的平台，以便能够很好地适应环境。网络使得课堂对外开放，实现学习共同体，但这种学

习共同体能否顺利地进行依赖于成员之间能否真正地建立起彼此信任、让人舒畅的心理文化氛围，使学校文化与整个社会文化之间建立联系。

（二）消极影响

大学生对事物的判断能力还不够成熟，对信息的来源不是很警惕，以至于道德观念和政治信仰会受到冲击，并且大学生每天都会接收到大量良莠不齐的信息，一些暴力、黄色的信息、图片就可能掺杂在其中，这对于大学生来说是一个相当大的考验，三观稍有不正就可能会导致他们误入歧途从而跌进深渊。

网络对于现实生活来说是一个虚拟的世界，但往往有时候比现实世界更具有吸引力，这就有可能让许多大学生沉迷其中无法自拔，甚至有的能做到"废寝忘食"。在虚拟世界中，使用的是与现实生活中不同的交流语言，表达的意义也不大相同，适应了网络环境从而会导致在现实的人际交往中出现障碍，无法处理生活中自己面对的问题，渐渐失去了自我解决问题的能力。新媒体视域下的商业逻辑与人文逻辑的矛盾日益增大，"课程思政"强调的是引导而不是迎合学生。

三、媒体融合背景下高校思想政治教育协同育人的现存问题

（一）教育主体媒介素养参差不齐

具备媒介素养是育人者顺应时代潮流的素质体现，也是开展高质量思政工作的重要前提。纵观现今的育人主体，媒介素养参差不齐的问题十分突出，不利于高校育人系统的更新和整合，影响了思想政治教育最终的质量和效果。

（二）育人内容扁平单一

与以往只关注理想、信念教育不同，如今涉及意志品质、文化素养、心理健康、人际关系、网络道德等一切与人的思想境界相关的内容，都是高校思想政治工作的范围。但由于部分高校育人者观念转变不够及时，未真正将协同理念和思政课程进行深度融合，育人内容仍较为扁平和单一，影响了思想政治教

育工作开展的深度和广度。

（三）缺乏具有活力的育人方法

在传统媒体时代，多数高校通过举办年级宣讲大会、组织社会志愿实践等方法开展政治思想教育。但在新媒体时代，这些传统的教育方法正逐渐失去活性，对大学生的吸引力也日益下降。"封闭式""被动式"的刻板教育形态易导致大学生产生逆反心态，影响育人质量。

四、媒体融合背景下高校思想政治教育协同育人机制的构建路径

（一）组织协同

打造一支责任明确、能力相当、思想活跃、因时制宜的新时代育人队伍。新媒体时代，思政教育不再只是学校的任务，社会和家庭也是重要的教育阵地。三者之间需要配合和协同，以便最大限度地完成各阶段的教育目标，培养出一批德智优异、品行高尚的新时代接班人。思政协同育人网络平台的建立，能为家庭、学校及社会提供便利的教育资源共享空间，促进组织协同育人的实现。

（二）内容协同

高校在新一轮的内容生产中，要基于学生的信息需求强化议程设置，从青年学生的兴趣喜好以及网络化用语的习惯出发，优化传播内容；引发教育主体与受教育者之间的积极互动，使教育内容更快、更广、更深入地传播到学生群体中。同时积极举办线下思政主题教育活动，实现课堂理论与社会实践相统一、知识传递与感性体验相结合。

（三）方法协同

在课堂教学和课余生活中，教育者要紧跟时代潮流，选择合适的新媒体方法实施思政教育。将传统的教学方法和手段与以移动互联网技术为代表的新媒体结合起来，利用先进的网络技术增加课堂趣味体验，培养学生网络思维、丰

富学生网络体验、引导学生思想舆情。教师们不仅要在传统的课堂上加强教学的有效性，同时也要借助第二课堂、新媒体教学方式等来加强课程思政育人功能的实现。

（四）载体协同

要重视把握多种媒体的利用，促使传统媒体和新兴媒体之间形成有机的互补形态，铺设多载体协同大格局。如疫情时期，高校不仅利用广播、报纸在校园内进行安全知识的普及宣传，而且利用直播软件开展网络思政教学，通过多样化媒体渠道传播疫情实时信息，教育学生热爱祖国，感恩生命。只有搭建一体化的现代信息传播平台，才能形成广泛的协同效应，深化高校思想政治教育的渗透性。

在新媒体时代，高校思政育人体系的内容和形式都发生了变化，媒体融合与高校思想政治教育协同育人的有机统一成为大势所趋。当前高校的迫切任务是——以协同论作为理论支撑，以多媒体技术作为传播手段，树立育人联动和媒体互融意识，使高校思想政治教育的协同育人机制得以建构并不断更新，促进高校思想政治教育协同育人工作进一步发展到新高度。

第三节 "立德树人"视域下高校思想政治教育协同育人机制

一、高校思政教育协同育人机制与立德树人的关系

立德树人和高校思政教育协同育人机制之间的关系主要体现在：前者是后者的目的，后者是前者的实现路径，两者紧密相连、密切相关，都在不同程度上继承和发展了马克思主义的人学思想。人的全面发展问题贯穿于马克思主义人学理论的始终，立德树人需要解决"培养什么人、怎样培养人和为谁培养人"这一根本问题，归根结底它需要实现的还是人的自由而全面发展的问题，高校思政教育协同育人机制之所以需要协同育人，目的也是实现人的全面发展，为新时代社会主义提供人才支撑。马克思指出："全部社会生活在本质上是实践

的"①，因此人作为社会人，具有现实社会关系的含义，强调人与社会的互动性，需要实现人与社会的有机结合。因此，在新时代的背景下，不仅立德树人的内容和要求需要因时而变，高校思政教育协同育人机制也要根据立德树人的需求而进行完善，最大限度地发挥自身的优势，破解立德树人过程中的壁垒和难题，从而最优地完成立德树人这一教育的根本任务。

二、立德树人视域下高校思政教育协同育人机制的 SWOT 分析

在当前新时代立德树人的背景下，对高校思政教育协同育人机制进行系统的优势、劣势、机遇和威胁分析，能提出完善立德树人背景下高校思政教育协同育人机制的对策。

（一）高校思政教育协同育人机制的优势分析

1. 立德树人理念的广泛传播

相关政策的落实、高校思想政治教育的传播、中华传统美德的潜移默化、社会主义核心价值观的践行、师德师风的建设和"青年大学习"等网络媒介的影响等等，使立德树人理念内化于心、外化于行。

2. 其次是思政教育协同育人的理念逐步完善

党的相关会议以来，我国聚焦实现全员育人、全程育人、全方位育人的"三全育人"的模式，颁发了《关于加强和改进新形势下高校思想政治工作的意见》，使高校思政教育协同育人理念逐步完善，能够为我国培养更多德智体美劳全面发展的社会主义建设者和接班人，

3. "大思政"格局逐步形成

"大思政"的核心内涵主要是指一体化领导、联动性管理和协同化育人，从而实现队伍合力、管理联动、载体共建和课程协同。结合这些元素与专业课程自身的优势，从而达到协同育人的效果。这样的大思政格局的构建以及思政课程和课程思政的有机结合，能够有效地解决当前高校思想政治工作中所存在

---

① 马克思，恩格斯. 马克思恩格斯选集：第 1 卷 [M]. 北京：人民出版社，2012.

的主要问题，提高高校思想政治教育质量和水平。

（二）高校思政教育协同育人机制的劣势分析

1. 育人主体的整体性协作不足

从目前的社会情况来看，部分家庭对于已经就读高校的孩子的思政教育呈现松懈态度；社会上的一些事件会针对大学生进行攻击，大学生容易对社会上的一些事情产生片面的理解从而受到伤害；高校作为一个育人机构，在育人层面还没有形成十分完备的机制，仍然存在反应滞后的弊端等等。此外，高校的思政教育除了思政课程的教育和学院辅导员的教育外，其他课程所体现出来的思政教育比较少，部分老师的思政素养也不够高，也就是课程思政的发展还需要持续深入推进，最后，高校的各育人主体大多是平行关系，各司其职，缺乏信息和资源的全面共享，也缺乏对我国"十大"育人体系——课程、科研、实践、文化、网络、心理、管理、服务、资助、组织的整体性构思和部署。

2. 全过程育人的协同不够

思想政治教育应当从横向贯穿各环节、纵向贯穿各年级。然而从目前高校的思政教育情况来看，不少高校普遍重视的是低年级的思政教育，而且低年级的思政教育形式更多样化，高年级的思政教育则相对弱化，教育形式也比较单一，使得大学生思想政治教育的衔接程度不足，一定程度上还容易造成思想的断层。此外，无论是低年级还是高年级，不少高校还是以重视课堂的理论教育为主，即思想内化，弱化了课堂外的实践养成，即外化践行，使得知与行这两个环节没能很好地结合，没能把思政课教学变成有温度、有触感、可触摸的灵魂阵地，一定程度上会影响大学生思想道德的更好发展。

3. 协同育人机制制度性保障缺乏

立德树人作为我国教育的根本任务和高校立校之本，应当贯穿于高校各个部门的育人目标中，这就需要高校各个部门在保持目标一致的同时，全面落实管理制度，建立科学的评价机制。但是，不少高校到目前都还未建立起完善的思想政治教育协同机制，制度性保障缺乏，顶层设计的部署也不足，这就很难使协同育人机制成为一个高校思政教育践行立德树人任务的有生命力的系统。

（三）高校思政教育协同育人机制的机遇分析

1. 新时代强调立德树人

党的相关会议宣布中国特色社会主义进入新时代，在这一背景下，立德树人仍然是我国教育事业的根本任务，但我国对立德树人有了新的要求，这就要求高校思政教育也应当因时而进，完善协同育人机制，密切关注发展中的青年生存场域变更的问题，增强思政教育各要素的合力作用，助推育人实效达到新高度。新时代的社会主义教育强调以立德树人为目的，这就为高校思政教育协同育人机制的发展提供理论和现实支撑。

2. 三全育人新模式的发展

立德树人背景下高校思政教育协同育人的策略构建主要体现在全员育人、全过程育人和全方位育人的"三全育人"新模式上。全员体现在主体上，这就要求在实施思政教育的时候，应当统筹各类主体，相互通力合作、同向同行，实现全员协同育人；全过程体现在时间上，这就要求高校要持续关注学生的思想发展过程，不应出现断层；全方位体现在空间上，这就要求高校各单位齐心协力，运用各类载体、整合各类资源实现信息的动态性互通，为学生提供价值引领，促进学生德智体美劳这"五育"的全面发展。

3. 信息技术的持续发展

进入新时代后，我国信息技术得到了迅速发展，这为思政教育协同育人机制提供更多的载体、平台和手段等。信息技术与思政教育的教学内容和实施过程融合为一体，可以促进育人主体和学生获得更丰富的知识和资料，更好地提高育人效率、培养高校和学生更高的协作意识和能力，实现有温度、高度、深度的思政教育。信息技术的持续发展能够为高校思政教育协同育人机制的完善提供有力支持。

（四）高校思政教育协同育人机制的威胁分析

1. 经济的飞速发展为道德的提升带来诸多难题

市场经济的利益化导致大学生对个人维度的价值重视程度递增。随着社会主义市场经济的发展，利益的分配方式也就更多元化了，这就带来了个人对利益分配给予过多关注，而忽略了对个人道德品质提升的风险。

2.信息传播方式变化带来的挑战

当前信息传播呈现的是一种多元化形态，这种多元化主要体现在信息主体多元化与信息传播类别多元化。主体多元化容易导致信息判定标准模糊，谁说得对，我该听谁的没有一个明显的判定标准，世俗的拜金主义与高尚的道德追求形成二元对立，在这种冲突下，高校协同育人机制遭到强烈冲击。信息传播类别多元化的出现，产生了信息海量、碎片接收、缺乏倾听、产生对抗的形态。大学生在成长成才信息接收的过程中，面临着宣传飞沫化、解读负面化、危机常态化等多种挑战。

三、立德树人视域下完善高校思政教育协同育人机制的对策

（一）构建立德树人背景下高校思政教育协同育人机制的原则

要坚持系统性原则、目的性原则、导向性原则和动态性原则。系统性原则强调系统整体结构与功能，关键是要处理好三个关系，一是系统内部各个要素之间的关系，二是系统整体与部分之间的关系，三是系统与外部环境之间的关系，要形成一个育人机制的有机系统，除了整合校内师资、后勤管理、文化宣传等元素，还要整合好校外力量，使之有效整合；目的性原则要求坚持以培养道德品质高尚的大学生为最终目标，始终围绕这个目标展开各方面行动，在思想上为大学生树立良好的人生观、世界观、价值观，在行动上开展各项活动，学思践悟，巩固大学生三观，抵御拜金主义、奢靡主义等不正之风；导向性原则要求坚持以马克思主义，习近平新时代中国特色社会主义思想为理论保障不动摇，保证高校立德树人协同策略构建所应遵循的政治导向始终与我国社会主义社会的主流思想意识、指导思想、发展要求相一致，与大学的办学宗旨、教育理念相一致；动态性原则要求用动态发展的理念来构建协同育人机制，确保其具有动态性，能应对各种变化带来的影响。杜绝墨守成规，枯燥单调的教育形式，要紧跟时代步伐，充分运用各种手段发挥高校协同育人机制作用。遵循与时俱进的原则，充分认识时代变化特点，及时调整方式应对挑战，最大程度

发挥高校协同育人机制优势。

（二）处理好高校思政教育协同育人机制的几对关系

要处理好一元与多元、内容与方法、分工与合作的关系。党政军民学，东西南北中，党领导一切。高校教育兼具上层建筑属性，思政教育对"政治正确性"提出较高要求。而且，《中国共产党普通高等教育学校基层组织工作条例》中明确规定：高等教育实行党委领导下的校长负责制。这是不管公办还是民办学校都必须遵守的依据，因此，明确高校全员育人的科学内涵，发挥高校中党一元领导与专职人员队伍、辅导员队伍、行政管理人员队伍以及后勤服务人员队伍等多元配合协同育人的功效才能达到育人效果；三全育人中的全过程育人指的是要将思想政治工作融入教育教学以及学生成长成才的全过程，这就要求高校明确育人理念、构建育人体系、加强思政教育方法多样化等，使育人的内容和方法有机结合，从而实现育人实践的有效衔接；整合指的是把零散的东西通过某种途径实现相互间的衔接，继而实现信息系统的资源共享和协同工作。高校的育人主体呈现多样化、各司其职的特征，因此要实现协同育人，就必须注意顶层设计，完善相关制度，使育人主体实现科学的分工与合作，共同在"理想信念、爱国主义情怀、品德修养、知识见识、奋斗精神、综合素养"这六大方面下功夫。

（三）形成立德树人背景下高校思政教育协同育人机制的全面协同

要坚持组织协同、方法协同、内容协同和载体协同。高校思政教育协同育人机制的组织协同突出表现在实现党委领导和行政落实的协同、学校主导和学院主推的协同、思政课程和课程思政的协同这三个方面，通过构建协同育人机制，实现组织协同，能够使高校各育人主体紧紧围绕着立德树人这一根本任务树立责任意识、提高育人能力、凝聚育人合力，从而实现目标一致、利益耦合的战略性协同；思想政治教育并非是单一方法作用的结果，而是多种方法综合作用的结果，体现的是整体性、针对性、综合性的实践，因此，高校思政教育应坚持方法协同，做到在线上和线下统筹教育、教师教育与学生自我教育相结合、对教育的主体和课题进行同步激励这三个方面相协同；在《关于加强和改进新形势下高校思想政治工作的意见》中有明确规定"要强化思想政治教育理论教育和价值引领。把理想信念教育放在首位……加强国家意识、法治意识、社会责任意识教育……以诚信建设为重点，加强社会公德、职业道德、家庭美德、个人品德教育，提升师生道德素养"。[①] 这就说明了我国思政教育应当涉及多方面的内容，促进思政课程和课程思政相结合，实现理想信念和形势政策、科学精神和人文素养、道德素质和法治思维这三对关系的内容协同；高校思政教育的载体主要分为语言文字载体、传媒载体和管理载体等，学生作为受教育的群体，在高校接受较多的是课程教育和日常生活教育，统筹发挥育人过程中各载体的协同作用，能够进一步提升高校思政工作的效能。

第四节 "双一流"背景下高校思想政治教育协同育人机制

高校开启课堂革命改革活动旨在优化人才培养模式，持续优化人才培养质量，为中国梦的实现输送各类创新型人才。显然，单纯依赖大学无法实现创新型人才培养，除大学课堂外，高校还需要借助社会力量在更加宽广的领域内积极探索新的人才培养模式。

一、基于"双一流"建设协同育人的"课堂革命"

（一）课堂教学价值观的重建

课堂教学本质观决定着课堂教学价值观。当课堂教学被认为是师生合作且有助于学生健康成长的具体实践活动时，课堂教学所秉承的价值观则需要将重点集中在培训新时代人才上。在这种情况下，以往注重局部的课堂教学价值观得以转变，开始关注整体，多元顺势取代单一，人的价值愈加凸显。

此时，课堂教学价值取向在关注学生知识递增的同时，又会着重强调品格、技能及知识应用等，促使学生实现全面发展。

---

① 习近平：在庆祝中国共产党成立95周年大会上的讲话 [N]. 人民日报，2016-07-01.

（二）课堂教学过程观的更新

针对课堂教学过程而言，需要用"多向互动、动态生成"取代"单向传递、忠实执行"。对于学生而言，处于中小学阶段时，其主要任务是进行理论知识学习，在步入大学阶段后，则需要基于所学主动去探索未知。大学中的教学过程是基于知识基础，探索新观念、新认知、新创意的持续性发展过程。大学需要以培养创新型和创业型人才为己任，由封闭向开放转换，由接受向发现转换。

（三）课堂教学评价的转变

以往，在衡量和评价课堂教学实效时多会将重点放置到教师身上，学生的学习状态、学习习惯及学习意识等并未得到应有的关注。教学，可以促进学习，不过无法彻底取代学习。教师教得好并不意味着学生能够学好。在大学课堂中我们能够经常看到以下场景，在讲台上的教师神采飞扬，可是有些学生却认为这门课程缺少实用性，抑或是与自我就业无关，无须全身心投入其中进行学习，会开小差，比如刷手机、看课外书或者做其他课程作业。由此可知，教师所具有的教学能力与学生成绩之间并不存在必然性联系。因此，在评价课堂教学时需要将学生表现作为重点。

不可否认，以上所讲并不是课堂革命所有内容的具体呈现，传统课堂所具有的封闭培养、分科教学、集体授课等基本属性并未伴随着这些革命实现质的改变。由此可知，课堂革命只是一项针对课堂教学内部的要素革命而已，并非是课堂教学基本组织形式的重塑。从辩证角度来看，课堂教学并非一无是处，我们只是需要提取精华并加以丰富，予以改进，给予更多活力，促进思想政治协同育人模式形成，最终培养出契合时代要求的创新型人才。

二、"双一流"背景下建设思想政治教育协同育人的必然性

基于新时代背景培育创新型人才是高校不容推卸的使命。课堂革命作用有

限，无法将那些存在于课堂教学组织层面的问题予以化解，关键这些问题又是阻碍人才培养的瓶颈，不利于创新型人才数量提升和质量改善。因此，作为"双一流"建设高校应具有全局意识，在推动课堂教学有序进行的同时，通过科研、服务等活动发现更多人才，促使课堂教学育人活动向着多方协同育人方向发展。

（一）培养拔尖创新型人才是"双一流"建设高校的时代使命

步入 21 世纪以来，人才重要性愈加凸显，已然成了各国政府予以关注的焦点。人才数量和质量不仅关乎各行业发展，而且与国家综合实力密切相关。

尤其是那些创业型人才、创新型人才和领袖型人才，他们引领着产业发展方向，始终走在学术前沿，又是技术革命的推动者，肩负着制定行业标准的重任，其存在价值不容小觑。

首先，"双一流"建设高校需要将培育领袖型人才视为己任。西湖大学校长施一公认为，研究型大学的任务并非是以就业为主，而是大力培育人才，为祖国和各行业源源不断地输送栋梁抑或是领袖[①]。

施一公的观点并不罕见，其实海内外有很多研究型高校早已将培育领袖型人才作为工作重点。以牛津大学为例，早在 16 世纪该校就明确了发展目标，即培育政治型人才。除政治领袖人物外，牛津大学还注重文学领袖、医学领袖、化学领袖、数学领袖等领袖人物的培养[②]。在国际学术领域内，耶鲁大学被喻为"领袖的摇篮"，该校前校长莱文曾明确表示："我们要为整个世界教育出领导者。"[③]近些年来，上海交通大学致力于创新型领袖人才培养，希望能够为国民经济发展、世界科技进步做出重要贡献。

其次，"双一流"建设高校需要将培育创新型人才视为己任。目前，世界一流大学将培育和提升学生创造意识、创造能力作为根本任务之一。比如，麻

---

① 施一公. 中国大学的导向出了大问题 [J]. 民主与科学，2014（06）：5-6.

② 洪成文，李湘萍，燕凌. 国际领袖型人才的培养：大学领导人的视角 [J]. 北京教育（高教），2013（01）：75-79.

③ 茹晴. 我们要为世界教育出领导者：访美国耶鲁大学校长理查德·C. 莱文 [J]. 现代领导，2001（009）：7-7.

省理工学院在注重学生基础科学、人文知识与专业技术的同时，鼓励教师着重培育学生的问题发现和解决能力。加州大学伯克利分校则要求本科毕业生通过对多种方式的综合应用，基于原有知识积极探索新的知识点，并完成知识环境重塑或转换。国内的清华大学、复旦大学、浙江大学等高校同样将培育创新型人才作为教育重点。

最后，"双一流"建设高校需要将培育创业型人才视为己任。如今，很多研究型大学开启了向创业型大学转变之路。我们耳熟能详的麻省理工学院、华威大学均是其中的典型。在彼得·斯克特看来，创业型大学肩负着两项使命：一是加强对大学生的训练，强化其创业精神，鼓励他们投入到创业中；二是通过技术园创办、孵化器建设等方式为创业型大学生提供助力，成就其事业[①]。培育创业型人才为创业型大学、其他研究型大学等指明了新的发展方向。迄今为止，美国拥有四年制大学数百所。譬如宾夕法尼亚大学，能够为校内大学生提供类型多样的创业教育，如聚焦模式、磁石模式等诸如此类的创业教育[②]。据了解，创业者有商业创业者与社会创业者之分，以哈佛大学、哥伦比亚大学等为首的研究型大学会同时注重两种创业者的培育，且依赖社会创业教育活动持续推进。

（二）课堂教学固有的局限性难以独自培养拔尖创新型人才

不同于一般人才，领袖型、创业型、创新型人才均属于拔尖创新型人才，他们将要面对的是未知的领域、未解的问题、未至的时代，他们应具有勇于冒险的精神、愈挫愈勇的意识、批判性思维、敏锐的洞察力、发现问题和解决问题的能力。同时，他们还需要拥有强烈的责任感、使命感和荣誉感，注重自我创新精神发挥和自我创造能力体现。"教育既有培养创造精神的力量，也有抑制创造精神的力量。"需要注意的是，培养拔尖创新型人才并非易事，且不能照搬一般人才培养方式。比如，那些从事流水线作业的一般性人才不需要批判

---

① 施冠群，刘林青，陈晓霞.创新创业教育与创业型大学的创业网络构建：以斯坦福大学为例 [J].外国教育研究，2009，36（06）：79-83.

② 梅伟惠.美国高校创业教育模式研究 [J].比较教育研究，2008（05）：52-56.

意识和创造能力，只需要特定技能，高校可以在程序式教育模式的帮助下实现量产。同时，这种标准化、程序化教育模式又会给学生创造力和想象力形成和发展带来负面影响，无法被应用到拔尖创新型人才培养中。课堂教学遵循了班级授课制度，它是工业化时代的必然产物，追求高效、整齐划一。虽然能够实现人才的"量产"，但是它抑制个体创造力又是不争的事实。一言蔽之，课堂教学契合工业化生产所需，不过面对培养拔尖创新型人才这一任务，短板尽显。在《为新全球化世纪的学院学习》中，美国高校联合会（AACU）提到，当前的院校制度均是 19 世纪工业革命必然产物的延伸，面对 21 世纪提出的要求，处于力不从心的状态中。具体来看，其不适合体现在以下层面。

首先，集体授课虽然能够大大提升知识传播效率，不过会影响因材施教效果提升，并未尊重学生主体地位，为其预留一定的自我发展空间，其个性、想象力等均会遭受压制。在网上课堂教学中，处于被动学习状态中的学生成了待加工的标准件，丧失了主动性，其个性彰显、创造性发展成为空谈。

其次，课堂教学与外部环境处于割裂状态中。一方面导致教学过程不完善；另一方面不利于学生知识应用能力提升。布卢姆教育目标分类表从总体角度出发将知识学习结果细分为六种水平，即记忆、理解、运用、分析、评价和创造。如果学生实现了对知识的记忆和理解，意味着学生实现了对知识的掌握；如果学生能够将知识应用到问题解决中，则说明学生拥有了"能力"。一般来说，完整的教学过程是由"教""学""做"这三个环节组成，这一过程与学生知识学习的"输入""加工""输出"彼此对应。在学习过程中，知识输出环节又是学生学以致用的环节，此举有助于学生对所学知识的深入理解，事关知识的成功转化。课堂教学以知识传授为目的，依托学校启动教学活动，学校与科研、生产等专业活动的联系有限，在缺少知识运用场景的情况下，学生的认知能力与知识转化能力势必会受到负面影响。众所周知，专业和课堂在培育人才中发挥着积极的影响作用，学科则是一切教学活动的共同基础，学科能够将知识进行区分和归纳，依托专业和课堂的教育活动为学科知识讲授和传递提供了可行路径。对于拔尖创新型人才而言，不仅需要拥有亮眼的创造力，还需要注重综合素质的养成。纵观国内高校，在培育人才时存在各种问题，比如学科壁垒的存在、课程系统性不足等，不利于学生综合素质提升和全面成长。《斯坦福大学 2025 计划》放眼未来，基于未来社会所需提出了先进的教育构想。在这一计划中，教学活动不再将学科教学作为重点，而能力成为新的关注点，高校应通过引领和鼓励促使学生拥有可迁移技能，切实满足科研及工作需求。

最后，课堂教学过程会抑制学生探索精神的发扬，不利于其创造力的形成。课堂教学过程是一种具有特殊意义的认识过程，能够将前人研究成果及实践经验体现到书本中告知学生，虽然教师能够加强教学情境创设，但是长期处于模拟化状态中的课堂教学又会给学生带来直接影响，比如阻碍其创造力的快速发展。同时，学生所获课堂知识只是他人经验之谈，其实践作用及有效性并未呈现到学生面前。当课堂教学只是以知识传递为重点，忽略未知或忽略创造未知，那么学生将无法拥有发现新知识或创造新知识的才能。以上问题的存在与课堂教学模式有着密切关联，且课堂教学属于一种教学组织形式，难以借助内部要素革命实现创新性发展，必须通过组织再造来改变。

（三）课外、校外的活动是培养拔尖创新型人才不可或缺的路径

教学的基本组织形式有三种：一是课堂教学；二是个别教学；三是现场教学。在学校教育中，教学作为主要活动牢牢占据首要地位，只是教学并非是学校教育的全部，更不是教育全部。一般来说，除教学活动外，学校会基于所需和教学资源通过课外活动、社会实践等方式对学生加强教育。在研究型大学内，科研育人方式发挥着重要影响作用。

不可否认，在培育人才之时，课堂教学是主要途径，但是并不能以此而否定课堂外活动所具有的教育功能。1989 年，诺贝尔化学奖得主切赫指出，研究型大学在培育本科生时最大的优点是拥有研究实验室，并允许本科生通过实验见证知识来源，赋予其别样的学习体验，给他们的生活带来诸多亮点。从中可知，假设高校只是依赖课堂教学去培育学生，就算能够顺利完成教学任务，依旧无法为社会批量输送各类创新型、领袖型、创业型人才。对于现代大学教学而言，课堂外的"沙龙""俱乐部"等是课堂教学的重要补充，能够拓展大学生视野、丰富其信息渠道来源、有效激发其内在潜力。在这些相对民主、自

由的空间内，伴随着学生间彼此交流活动的持续深入，学生理论知识储备量定会愈加丰富，而且学生能够得到智慧启迪，实现精神成长，当灵感迸发，创意定会向着多元化方向发展。

在欧美等知名高校中，导师制、住宿学院制等在培育人才时得到有效应用。比如，在国际社会中享有盛名的牛津大学和剑桥大学就极为推崇导师制，并将其融入大学教学活动中。1998 年，在《重建本科生教育：美国研究型大学发展蓝图》中，博耶委员会就曾对导师制的重要性进行了着重强调，并鼓励研究型大学将导师制落实到位。

一言蔽之，大学教育并不拘泥于课堂教学。教育包括课堂教学，但是课堂教学并不是教育的唯一。不同于一般性人才，拔尖创新型人才的素质和能力处于领先水平，是人才中的佼佼者，难以通过课堂教学实现全面成长。因此，高校应注重课内外活动的结合，基于课堂教学所需为其提供必要支撑，促使学生拥有更多创新意识、创造力和问题解决能力。

三、“双一流”背景下建设思想政治教育协同育人模式

“双一流”建设类高校在培养人才时，一方面要形成教学与科研、教学与服务相协调的新型教育模式；另一方面，要推进教学、科研、服务一体化，继续探索三者协同教育模式。事实上，大学科研和大学服务的教育作用早已得到教育实践者的肯定，但缺乏系统性，尚未实现规范化发展。因此，在优化现有人才培养模式的同时，高校“双一流”建设需要适应新时代的人才需求，构建教学与科研、教学与服务相结合的思想政治协同教育体系，科学研究和服务使所有学生受益。

（一）教学与科研相协调

国外一些学者认为，科学研究与教学之间存在着互补关系。把科研作为一种教育方式，可以取得比较理想的效果。在他们看来，大学教师和大学生都是为了实现学术目的而存在的。面对研究活动，他们是参与者，有责任投资于探索真理的活动。此时，课堂教学被科研活动所取代。现代高校一方面要为学生

提供课堂教学，实现理论知识的传递；另一方面，我们应该为学生提供研究机会，以达到培养人才的目的。

早在1969年，麻省理工学院就在培养本科生时启动了一项配套的科学研究项目。自1980以来，通过研究扩大本科教育的大学数量不断上升，其中包括特拉华大学、华盛顿大学、斯坦福大学等。在重建本科教育方面，美国研究型大学的蓝图，博耶委员会强调：研究型大学需要兼顾课堂教学和科研教学，为学生提供更多参与科研的机会，挖掘其内在潜力。重建本科教育：美国研究型大学蓝图为美国高校优化人才培养方式、教学与科研相结合提供了许多指导。大学生参与科学研究的机会越来越多。

纵观国内各高校，在教学科研合作教育方面也积累了一定的实践经验。华中工学院（华中科技大学前身）1950年明确规定，允许三年级和四年级学生参加国家科研活动，鼓励五年级学生参与科学研究，为完成国家科学研究任务做出贡献。

在高校的实践教育活动中，国内高校开展以教学科研为基础的思想政治协作教育活动的数量逐年增加。一些高校具有相当的创新性，可以积极与专业科研机构达成合作关系，以实现科学、教育、思想政治等教育活动的协同目标。例如，北京大学和中国农业科学院推出了科教结合的新型人才培养模式，有助于提高人才培养效果。具体而言，教研合作教育是一种以教学为依托，促进教学与科研一体化的新型人才培养模式。根据两者的融合程度，教学科研协同教育模式可分为三种类型：一是松散型；二是密切型；三是一体型。

1. 松散型就是大学教师有意识地将科研成果和前沿知识融入课堂教学活动。学生可以知道很多前沿知识，但他们对这些知识的背景理解有限。从本质上看，松散式教学仍属于知识传授式教学，但更注重前沿知识的传播。学生只认识到对新知识点的理解和掌握，不了解其产生过程和作用机理，甚至不能将其知识应用于实际问题的分析和解决中。在这种情况下，学生不具备成为创新人才的必要先决条件。

2. 在密切型教学和科研思想政治协作教育中，高校教师将有意识地将自身的科研深度融入人才培养环节：一方面，将前沿知识引入课堂教学；另一方面，它为学生提供研究机会，要求学生借助研究方法在规定的时间内完成研究任务。当学生目睹知识的形成过程，掌握研究技能时，他们的创新意识必将得到有效激发。据报道，汉普郡学院学生的大部分课时集中在研究项目上。在教师的领导和监督下，学生需要分析数据，掌握理论基础，致力于研究项目，并以论文的形式展示研究成果。了解后发现，一些本科毕业论文的质量甚至可以与研究生的水平相比较。

3. 教学科研一体化的思想政治协作教育方式，既能兼顾教学任务，又能兼顾科研任务。此时，教师和学生扮演着研究者的角色，有资格从事研究活动。在美国，以斯坦福大学为代表的研究型大学一直注重举办暑期研究项目，利用暑期开展研究活动，鼓励本科生参与，获得不同的学习体验。加州大学洛杉矶分校为本科生开设了暑期研究课程，取得了较为理想的教学效果。以上是整合教学模式的真实案例。暑假时间大多是两到三个月。教师和学生需要同时参与项目研究活动。在项目课程结束时，学生需要通过研究论文向教师展示结果，并等待更正。在封闭式教育模式下，学生参与的研究项目大多是复制或还原成功的研究活动，从中可以掌握研究方法和研究技能。整合教育模式是在教师的指导下投资于真实的项目研究，一切都是未知的。这不仅可以有效地促进学生专业知识的增长，而且有助于提高学生的科研意识、创新能力和综合素质。学生还可以在相关期刊上发表研究成果，丰富行业研究成果。总之，教学、科研、思想政治的协同教育在培养学生的学术精神、科研技能和创造性思维方式的形成方面有许多亮点，为学生的不断努力指明了新的方向，为他们攻读博士学位创造了许多有利条件。

（二）教学与服务相协调

学习并非只是学生思维过程，学习是一项发生在客观场景中思维与实践行为彼此融合的持续性过程。近些年来，教育从业者开始意识到学习与实践活动之间的内在逻辑关系，认为学生有必要参与到真实实践活动中，抑或是对此类活动进行有效模仿。高校在培育创新型人才和创业型人才时，需要兼顾两点：一是实现书本知识的传播，要求学生内化于心；二是促使学生拥有问题解决能力，顺势激发其创新积极性和创业热情。

通过分析大学社会服务职能能够发现，其作用集中在以下方面：一是为居民提供继续教育服务。二是完成科技园区的创建。三是为政府提供专家咨询服务。四是为各行业提供科学文化服务。在发挥大学社会服务职能方面，威斯康星大学是领路者，该大学认为服务社会不仅是大学和教师的职责，学生也需要参与其中。从理论角度来看，伴随着服务社会过程的持续推进，学生的服务意识定会得到强化，其专业能力也能够得到展现。举个例子，不同于威斯康星大学，斯坦福大学一贯注重对实践活动的应用，借此优化学生专业技能及水平。比如，要求医学院在读学生前往社区医院实习，鼓励法学院学生为当地居民答疑解惑，无偿提供法律咨询。美国密涅瓦大学将培育优秀的领导者、创新者、终身学习爱好者作为发展目标。密涅瓦大学的创办者则认为，"融入世界是理解世界的最好方式"[①]。进一步分析，这所大学并未将授课场所局限于固定校园及课堂中，而是放眼世界确定教学场所。学生辗转各地完成学习和体验活动，其中包括德国柏林、中国香港、韩国首尔等。简而言之，教师不再是知识传播中的唯一主体，大学校园不再是授课的唯一场地。

从理论角度来看，高校教学和服务思政协同育人是依托教学活动，并促进教学与服务彼此融合，致力于学生知识量增加、技术水平提升、品德持续优化的育人方式。大学社会服务重点有两个：一是知识服务；二是专业服务。在社会服务中，以学生对所学知识及技能的依赖程度可以将这种育人方式细分为三个层次。

第一层次，学生在服务活动中对所学知识的依赖性并不强，此类服务的作用是提升其道德品质，学生所学知识及技能并未得到有效验证或改进。第二层次，学生需要凭借所学切实满足服务对象提出的要求，比如为企业提供具有可行性的产品改进方案。此举能够让学生从实践角度出发加强对所学知识及技能的深入了解，而且能够以此为契机在服务企业中获取管理实践经验，从而丰富自我阅历。同时，面对企业与社会机构提出的诉求，高校能够对当前的发展方

---

① 陈乐. 密涅瓦大学：引领未来高等教育？[J]. 比较教育研究，2016，38（10）：59-64.

向、教育目标等进行优化，促进教学育人整体水平提升。第三层次，学生能够在教师引领下服务社会，又能够对所学知识实用性进行验证，甚至发现新的知识点或促进所学知识的创新性发展。在这种情况下，学生的创造力能够呈现出水涨船高之势，又能够为高校开启教学改革提供助力。教学和服务思政协同育人所处层次不同，在丰富学生知识储备量、提升学生技能、优化学生品质等方面发挥着不同的作用。将教书育人视为己任的大学应注重教学和服务思政协同育人机制的形成，在陶冶学生道德品质的同时，促进其创新与创业能力的提升。

（三）教学、科研与服务三者协同育人

教学、科研和服务思政协同育人是一项集结三方力量且颇为复杂的一种专业育人方式，且有助于人才培养目标的实现。锡拉丘兹大学副校长格申·温科曾着重强调："研究型大学的任务是通过教学、研究、学术成就、创造性成就和服务来促进学习。"[1] 在他看来，学生的学习活动与学术活动、实践活动、社会服务等均有着一定关联，为学生综合素质改善提供了更多可能。在分析教学、科研和服务思政协同育人方式时，根据教学、科研和服务的融合程度，可以将其划分为三个层次，以下内容对其做了进一步梳理。

松散型的教学、科研和服务思政协同育人。这种育人方式认为，大学中的教学活动、科研活动及服务活动均具有育人功能，三者面对同一育人目标，应加强彼此协作。如，在培育创新型、创业型人才时，三者需要分析其适用范围、优缺点及实施路径，并进行相互配合。就算彼此在育人行动中并未达成合作，只要其作用发挥是围绕人才培养目标，即可视为思政协同育人。换个角度来看，在教育资源有限的情况下，教学活动、科研活动、服务活动之间甚至存在一定的竞争关系，不过三方之举只要有助于人才培养目标达成，依旧属于是思政协同育人。从微观角度来看，"协同"是与竞争对手的协作、同步、互助等。从宏观角度来看，"协同"是指合作与竞争关系并存，且需要在两者之间找寻新

---

[1] 弗雷斯特·W.帕克，埃里克·J.安科蒂尔戈兰.哈斯.当代课程规划：第8版[M].北京：中国人民大学出版社，2010.

的平衡点。对于协同而言，竞争是其必要的前提，又是不可或缺的动力支持。因此，我们不应抵触教学、科研和服务之间的竞争。

密切型的教学、科研和服务思政协同育人。这里的密切型是指教学活动、科研活动、服务活动面对共同育人目标加强合作，在人力资源、信息资源等方面实现互通有无，伴随着育人合力形成，最终促进育人目标实现。该模式不仅肯定了三者具有的育人功能及育人优势，而且针对三者做出了合作互助的要求。一方面促进教学活动基础性及引领性作用发挥，另一方面促进科研活动优化作用和服务活动拓展作用彰显。一体化的教学、科研和服务思政协同育人。这里的一体化在合作程度上对教学活动、科研活动、服务活动有着更高的要求。如，哈佛大学曾有一名教师针对学生推出了重新设计冰激凌配方的课题，且要求成品满足好看、味美、口感好，不会损害人体健康等要求。在研制成功后，学生还需要在企业帮助下进行量化生产，并打入市场进行销售。麻省理工学院从整体角度出发促进了教学活动、研究活动、社区教育价值的统一，以此为据，重塑教育模式，为本科生提供了类型多样的学习场景，通过优质资源共享，提升其成长速度，且实现了整合性教育实践经验的获取。浙江大学在培养本科生时，推出了"创新与创业管理强化班"，安排名师进行授课，着重提升案例教学占比，主动与本土高新技术园区等建立合作关系，为三四年级学生提供调研、实习等机会，且要求学生参与课堂汇报等类似活动，以上行为明显属于是教学、科研和服务一体化培养方式。如果在创新创业竞赛中，学生表现可圈可点，极易成为学习楷模，且得到企业单位的青睐。2020年，我国教育部联合其他部门推出了《现代产业学院建设指南（试行）》，且提出了加强实战，积极打造集产、学、研、转、创、用于一体的实体性人才培养创新平台。这一观点为大学优化培养目标、培养方式提供了重要支点，且有助于创新性和创业型人才数量的增加与质量的提高。相信随着时间推移和时代变迁，这种集教学、科研和服务于一体的人才培养平台数量将会持续攀升，不过在实践活动中，需要结合自我育人目标及教育资源等有所取舍。此外，从动态角度出发，努力组建兼具适合性和有效性特点的思政协同育人模式。

第四章 高校思想政治教育协同育人机制建设

本章为高校思想政治教育协同育人机制建设，分别从四个方面进行阐述，依次是高校思想政治教育协同育人机制的内容、高校思想政治教育协同育人机制的构建、高校思想政治教育协同育人机制的效果评价、高校思想政治教育协同育人的驱动及运行机制。

第一节 高校思想政治教育协同育人机制的内容

一、机制与思想政治教育机制的概念

机制一般是指引起、制约事物运动、变化、发展的内在结构与作用方式。机制协调是协同创新的重要保障。协同创新的顺利推进，有赖于系统构成要素的耦合机制与演化方式。在协同创新过程中，系统通过建立健全目标协同机制、信息共享机制、交流沟通机制、运行保障机制等，促使各子系统及其组分之间通过充分的协同作用，产生"1+1＞2"的协同效应，确保协同创新朝着既定的目标前进。如果在协同创新过程中，系统的运行机制彼此掣肘，相互牵制，那么系统将陷入混乱无序的状态，协同创新也就不可能实现。这一点对作为复杂巨系统的思想政治教育过程同样适用。

思想政治教育机制是思想政治教育的中心环节。思想政治教育运行过程的关键是建立完善、协调、顺畅的制度和机制。思想政治教育机制是与思想政治教育的原则、规律、内容和方法相联系的，是思想政治教育各相关要素的有机结合，是思想政治教育各方面、各层次的整体功能和规律的系统，是思想政治

教育过程中实现思想政治教育作用的中介和桥梁。在思想政治教育过程中，它涉及一系列复杂的教育影响机制。这些机制的运行是否协调，直接影响到思想政治教育发展的广度和深度。例如，思想政治教育体系对人的思想品德形成和发展的作用机制，思想政治教育体系与外部环境体系的交流机制，非思想政治教育系统对人的思想品德形成和发展的影响机制、思想政治教育的协同教育机制等。在思想政治教育过程中如何协调这些机制的运行，如何更好地发挥机制的基本功能，如何把握思想政治教育机制的构成要素，对于协同创新机制的运行具有直接的参考价值。

二、协同育人机制的界定性框架分析

协同涉及各种资源的配置与整合，共同发挥出更大的效果。存在于协同机制中的各个主体需要相互配合，通力合作。需要注意的是，他们的利益其实并不一致，所以他们进入协同机制中的态度和意愿也各不相同。有些主体的主动性更强，通过达成协商而完成协同，有些主体则完全是出于被动，因为制度的约束而不得不为之。假如我们在对待协同体系时生硬地将其视为一个多元化的协同领域，那么其中存在的矛盾就会更加多样。在这样的情况下，可以更多地关注协同主体间的核心变量，关注各个主体的自身利益，在此基础上构建起来的协同体系才更加科学合理。

第一步需要确认的是目标。任何协同都离不开目标，如果目标不一致，那么想要达成协同可谓困难重重。在协同育人方面，高校首先需要遵循的就是目标同一性原则，不过在现实操作中，想要让每个主体都目标一致并非易事，不过在这样的情况下，即便存在目标冲突，也有达成协同的可能性。譬如，某高校要开展志愿服务，辅导员希望通过这样的活动引导学生更多地贴近社会，为社会贡献自己的力量。不过很多学生的想法则不同，他们希望通过这样的活动获得更多的学分。在辅导员和学生之间就会存在目标不一致的情况，不过这种不一致并不会对工作的开展产生影响。第二步要明确的是利益。这里提到的利益可以分为两种：一是利益耦合，主要是指协同主体在利益方面有着明显的依赖性，其中的一方如果想要达成目标就要有其他地方的资源进行支撑；二是利益冲突，也就是说主体间相互独立，想要自愿形成协同并不可能，那么就需要有强制力加以约束，或者让双方意识到协同对自身利益实现的积极作用。

目标和利益是两个变量，在实施过程中主要通过以下几种形式进行体现。

1. 科层制协同

协同可以产生，不过主体的目标和利益各不相同。这种情况多出现在自上而下的安排上，比如同样是开展社会主义核心价值观教育工作，不同的部门组织，其教育的侧重点也就不尽相同。各个部门都有自己的工作重点，考核任务也差别很大，从这个角度来说，在这样的协同中，他们不管是目标还是利益都无法保持一致。所以可能就会传出不合作的声音，毕竟这种意义上的合作没有"利益"可言，不仅不能给自己部门更多的分数，而且还要投入大量的人力物力。科层制协同将重点放在分工上，而不是不分情况地强调合作，高校的上级部门要做好协调工作，为推动主体协同打下较好的基础。

2. 沟通性协同

协同主体有着统一的目标，不过利益之间不会相互依赖，这是一种暂时性的协同关系，没有制度加以约束。这种协同方式多是应对学生中出现的突发事件，这些事件可能威胁到学生的生命财产安全，也对高校的声誉产生重大影响等。如果这种类型的事件发生，那么高校就要组成临时组织，所有人都要参与其中，对学校的声誉进行维护，保证事件能够合理有效地处置。比如2015年，一所高校"外语+X"专业的学生出现电子学籍注册事件，那么高校就要在第一时间内做出反应，校领导应成立应急工作小组，包括教师、辅导员在内的很多人都在其中担任了相应的工作，要对现场进行合理处置，要控制舆情发酵，同时争取法律援助。通常情况下，在第一时间圆满解决之后，协同小组也会同步解散。在这种协同当中，参与主体并没有共同利益可言，而且，很多时候会产生利益冲突。因此，这种协同只能是临时性的，为了实现一个特定目标而努力，协同主体之间互相配合，保证协同目标的顺利实现。

3. 约束性协同

协同主体之间存在了目标上的差异，不过为了保证多方利益的实现，主体也会参与到协同组织当中。而且，出于利益最大化的考虑，协同主体中会出现一个监管者。通常情况下，这种协同会更多地出现在公共服务领域，比如买卖和交换，买卖双方参与其中，他们当然有着各自的目标，不过正是因为协同，他们各自的利益才能得以实现。比如民营化公司伙伴关系，置身其中的政府和企业各有自己的目的，政府的出发点是为了尽可能多地实现公共利益，而企业则是以追逐利益为根本目标。从这个角度来说，政府和企业之间在目标上存在着明显的冲突。在这个协同关系中，政府以监管者的角色出现，这就决定了企业不可能损害到公共利益。同样地，这种情况也适用于高校实践育人事业。现阶段，我国高校着重进行创新创业教育，这就需要将社会资本引入到高校教育之中，不过高校育人的目标不会和社会资本保持一致。高校最终是以教书育人为目的，希望通过这种实践培养学生的创新精神与能力，而社会资本还是为了实现利益最大化。虽然从目标上看，两者各不相同，但是双方的利益却有着耦合点。在各种协同合作中，双方的利益都可能实现。

4.战略性协同

协作双方有着共同的发展目标，且利益可以实现耦合，这种协同关系通常较为牢固，有着制度化约束，属于长期持续的合作关系。参与协作的双方能够保持目标和利益上的一致，所以更容易发挥出合作的最大作用。在高校思想政治教育工作中，要想实现战略协同就要具有全局意识，能够满足高等教育的现实需要，符合学生的实际情况，真正意义上落实立德树人，更为有效科学地开展德育工作。处于这种协同关系中的主体有着固定化的合作模式，也制定了相应的规章制度，他们可以协同努力，为了实现共同目标做出应有的贡献。

不过在实际工作开展的过程中，存在各种不可抗拒因素，使得高校思想政治教育工作不能协调发展，之所以会出现这种情况，主要由以下原因导致。

一是协同育人机制理念并未得到普及，相应的氛围并没有真正意义上形成。在很多高校教师看来，思想政治工作并不是自己的工作，而是要由相应的理论课老师来负责，正是这种理念上的差异，使得课堂教育不能和思想政治教育有机结合起来，脱节现象较为严重，尤其服务管理人员，更应该端正对思想政治教育工作的态度，同时也要注意对各种教育资源进行系统整合与配置。然而，学生也要对思想政治教育工作进行再认识，消除掉不良情绪，只有这样，才能在校园中营造出更为融洽的教育气氛。

二是协同育人机制在制度建设方面存在不少漏洞。该机制的建立其实体现的是高校的整体布局观，所以高校在这个方面要足够重视，尽可能地调动更多的人力物力参与其中。各个部门要从自身的角度出发加强顶层设计，完善当前的教育模式，各尽其责，各司其职，最终在整个高校中形成更为强大的合力效应。不过从高校的实际情况来看，很多思想政治工作的开展其实并没有完善的制度作为后盾，相关的物质保障也尚未落实到位，所以协同育人制度的落实也就困难重重。

三是协同育人机制的各项保障措施并没有落实到位。当前的高校在开展思想政治教育工作时其实存在着各种问题，比如互相推诿、责任不清等。出现这种情况的原因主要是制度并不健全，相关的保障措施也没有真正意义上落实，所以开展思想政治教育工作也就自然而然会遇到阻力。第一，教师的职业素养和综合水平并不是很高。教师队伍有着严格的编制控制，所以学生工作者人手并不充足，辅导员每天的工作都安排很满，他们疲于应付各种事务性工作，想要再从事思想政治教育工作可以说是力有不逮，也无法对学生的思想动态进行动态的跟进。正是因为师资力量不够，所以大多数的思想政治教育工作都是以专业授课为主，教学方法比较传统，教学质量也就无法提升。第二，相关的后勤保障措施并没有落到实处。现阶段，高校在开展思想政治教育工作方面不具备相应的场所，缺乏硬件条件，所以工作开展也就不尽如人意。

三、高校思想政治教育协同育人机制的核心要素

（一）思政元素

立德树人是我国教育工作的重点，关乎国家、社会的进一步发展。自教育改革工作展开以来，相关部门就对立德树人的重要性以及其地位多次进行说明，立德树人是教育的根本任务，高校思政教学课程的主要指导理论为马克思主义理论，教学工作展开过程中，教师需要将社会主义核心价值观融入高校思政教育工作中，提升高校学生的社会责任意识，培养其理想以及信念，引导其树立

正确的价值取向以及政治信仰，促使其成为全方位发展的人才。应基于课程思政理念对思政元素进行进一步说明，思政元素即在社会主义核心价值观、中国特色社会主义社会教育观、法制教育、劳动教育、中国传统文化等基础上所构建的思政理念。为推进课程思政理论发展，高校思政教师需要凝练高校教育工作中的思政元素，将高校课程之中思政元素所包含的文化素养、价值理论、制度规范、道德修养等理念与高校专业教学工作互相融合，提升高校专业教学工作精神层面的影响，从而达到高校思政协同育人机制的目的。

（二）教师因素

教师是教育工作的执行者，对于高校思政协同育人机制构建工作而言，教师将会起到决定性作用，没有教师的努力和支持，何种教学方案都无法顺利展开，也无法取得成功。为达到高校思政协同育人机制的教学目的，作为高校思政教师，需要积极参与到高校思政教育工作之中，通过自身的专业知识以及文学素养将高校课程体系打造为专业课程与思政课程同向同行的课程体系，充分发挥自身的育人功能，给予课程教学，采取适当的教学方式，引导学生形成正确的学习观、价值观、人生观，促使其成为全方位发展的社会主义接班人。

（三）协同机制

对于高校思政教育工作而言，想要达到高校思政协同育人工作的目的，高校必须形成一体化、全方位、高质量的思政教学课程，全方位发挥课程思政的功能，在课内外实践的过程中，根据协同作用，将高校思政教育工作融入高校教育工作中，从而达到高校思想政治教育协同育人的目的。在思想政治教育协同育人机制中，课程思政的协同开展，首先需要实现师生协同，担任高校教育工作的教师需要提升自身对协同育人的认知度，构建良好的协同育人理念，充分发挥自身的育人效用，而学生则需要在接受课程教学后，及时将自身的课堂感想以及收获反馈给教师，通过双方之间的协同合作，达到课程思政教学目的。其次是部门协同，高校之中的各个部门需要为课程思政协同育人机制提供理论支持，组织学生以及教师参与到课程思政协同育人工作之中，提升课程思政的凝聚力。再次是课程协同，为达到高校思政教育的目的，高校教育部门需要将其他课程与思政课程相互融合，构建集思政课、专业课与通识课一体化的课程思政教学体系。最后是知性协同，高校教师不仅需要探究课程思政协同育人体系的理论思想，同时还需要通过课题实践对相关理论展开进一步探究，通过该方式实现高校思政协同育人体系理论以及实践的共同发展。

第二节　高校思想政治教育协同育人机制的构建

推进高校思想政治教育协同育人机制建设，除了分析必要的理论支撑外，还应该深入分析系统内部要素。高校思想政治教育工作开展期间，协同育人机制是我们首先应该坚持的原则。此外，系统内外部存在协同效应，其结构前提便是协同育人机制特征。相应地，协同育人机制模式，在很大程度上也给高校构建完善协同育人工作体系提供了参考和借鉴。

一、高校思想政治教育协同育人机制建设的基本原则

（一）同向性原则

同向原则就是在进行课程思政教育的过程中，要遵循教育方向、育人目标以及培养价值观统一的原则，主要包括政治方向与育人方向。在进行教学实践的过程中，首先要从社会主义核心价值观的指导来发挥思政课程对于学生人格培养的意义，从而使得教学的差异性可以在教学实践上实现统一。其次，在课程教学以及实践等方面，要符合新时代对于素质教育立德树人的教学要求，能够为社会培育出一批四有青年。在开展课程思政教育的过程中保证同向原则的实施能够真正做到以人为本的教育，教师要从学生的心理活动以及思维状态出发，掌握学生的思想动态，制定出具有针对性、个性化的思政教育内容。

（二）整体性原则

在开展高校课程思政工作时，要注意活动开展的整体性，也就是将专业课的知识内容与相关的思政理论进行结合，通过教师的引导，让学生自然而

然地将思政理论与专业知识融会贯通，从而提高课程思政的协同育人作用。首先注意要把思政教育与专业学习的特点，以及学生的学习状况、性格特点等相结合来开展，这样才能够提高思政教育在文化课教学中的渗透深度。其次，教师要从培养专业人才的角度出发进行课程思政的教育，保证专业知识与思政教育同步进行，既提高了知识素养也提升了学生的思政水平。教师也要不断提升自身的教学能力以及思想政治高度，保证课堂教学的特色性。除此之外，教师要注意到专业课与思政课之间的关系是相互联系而不是相互对立的，教师要清楚认识到在进行专业课的教学过程中，思想政治理论能够为专业课的教学提供一定的现实依据，既可以使思政教学的内容更具说服力，也可以让学生在进行专业课学习过程中提高自身的思想政治水平，并端正自身的学习态度。

（三）制度性原则

制度性原则旨在能够实现思想政治教育协同育人的既定目标，全面提升协同育人实效性水平。其中，借助制度性原则，能够有效地对思想政治教育权利及义务予以统一规范，具有稳定性、强制性的特点。也就是说，在完善发展期间，确保制度能够维持积极循环状态，这样也有助于教职人员能够严格按照规章制度来开展工作。在这一原则指导下，国家要求高校应健全完善长效教育体系，为了能够确保发挥机制的长效影响力，我们应结合社会发展实际来对机制进行针对性优化整合，以此达到系统自我优化的状态。

（四）成长性原则

考虑到受教育者为高校学生这一特殊的群体，成长性原则具体表现为下列两点。从学生成长层面上看，学生的思想认知会不断地发展调整。所以，结合学生道德水平特点，思想政治教育内容协同应该拥有成长性原则，以能够保持与大学生发展实际相符。此外，从理论创新角度来讲，思想政治教育内容应该增强时代感，不断增强对时代的接受水平。不过在创新发展中需要提升针对性水平，按照大学生的需求来开展。所以，在这一背景下，要求我们不断优化创新思想政治教育协同内容。

（五）科学性原则

作为一门系统科学，无论是在理论知识层面，还是在实践教育层面，思想政治教育内容均应该严格遵循科学性原则。由此指出机制不同的主体在能够确保统一理念、优化资源配置的基础上，还能够贯彻落实协同育人思想，这一协作性拥有相应的技术标准。所以，内容协同要求具备有关技术扶持条件。协同理念应当且仅当在通过科学技术系统分析匹配的基础上，最大限度地发挥思想政治教育的协同整体作用。

（六）交互性原则

协同育人期间，教育内容能够有序推进，在很大程度上与主体适应性有关。机制不同，教育主体借助互动交流能够促进思想政治教育多重叠性、多层次性建设，在重叠期间能够将其中存在的无效教育手段省去，并且能够对教育内容资源进行合理配置，在沟通交流中也能够适时调整优化教育内容，结合实际情况做好教育工作。

二、构建思想政治教育协同育人机制的意义

（一）符合未来社会发展需要

随着社会的不断发展，未来国家不仅需要某一专业的人才，更需要德才兼备的综合型人才。某一专业的大学毕业证书只能作为学生就业的基础，学生要想在工作中走得更远、不断发展，必须具备良好的道德水平，能够在工作中处理好与同事、领导之间的关系，能够用自己的德行折服他人，成为符合企业和社会发展需要的人才。此外，随着我国社会文明程度的不断提高，人们越来越注重城市文明建设，城市的文明在于每一个人都能约束自己的言行举止。大学生作为受过高等教育的人才，在社会中发挥着顶梁柱的作用，不仅要规范自己的言行举止，而且要对他人起到良好的示范和引导作用，从而推动社会的文明建设。

（二）抢占大学生思想领地

随着我国对外开放程度的不断加深，除了一些先进的思想之外，还有一些不良之风进入国内，影响着我国的文明建设。大学生社会阅历少，思想比较单纯，很容易受到拜金主义、唯利主义、享乐主义等不良思想的影响，漠视人与人之间的关系和情谊，追逐利益至上。为了纠正社会风气，避免大学生受不良风气的影响，高校应注重对大学生的思想政治教育，提前占领学生的思想领地，使学生在思想上更加符合社会发展的需求，引导学生树立正确的世界观、人生观和价值观。

（三）提高高校思想政治教育效果

高校的思想政治教育工作对学生未来的思想观念和工作方向起着关键作用。虽然目前我国高校的思想政治教育工作已经取得了一定的成果，但总体上仍不能满足社会发展的需要，多数思想政治教育工作内容空洞、流于形式，不能调动学生的学习积极性。因此，高校应在思想政治教育工作中构建协同育人的教育机制，促进教师、学生和高校管理者之间有效互动，运用新型的教育理念和教育方法传输教学内容，调动学生的学习积极性，从而达到更好的教学效果。同时，建设思想政治教育协同育人机制，有利于更新学生的知识结构，提高学生的综合素质水平，帮助学生树立正确的择业观，助力学生将来的工作和发展，使学生对自己形成更加清晰的认知，能够选择更加适合自己、符合社会需求的工作。

三、高校思想政治教育协同育人机制建设的特征

（一）秩序性特征

协同学强调，系统处于无序状态向有序状态转变的过程中。相应地，我们应该在系统中发现，不同序参量在做好对整个系统的控制工作，确保其能够在系统秩序化发展中起到主导性作用。所以，高校育人工作开展期间，除了要关注整体之外，还应该关注在其中扮演主要角色的要素，将其作为系统序参量。

例如，高校思想政治教育协同育人系统发展中，能够将教育目标作为其中的序参量。基础理论课堂教学期间，对应的序参量便是课堂中的师生，设定序参量能确保思想政治教育工作能够形成科学交流，增强效果和提高水平。所以，协同育人机制建设发展中，秩序性能够为其提供主要发展动力，在无序与有序间的转换发展期间，系统也能不断得到优化发展。

（二）关联性特征

高校思想政治教育协同育人工作涉及教育者团队、受教育者以及不同介质等，不同要素存在关联的同时又彼此独立，并且与整个系统间存在彼此作用的关联。结合协同学理论，社会发展中全部系统的不同子系统均彼此作用与影响，这一关联性能够进一步优化系统功能及系统结构。关联性按照关联形式的不同，分为外部关联、内部关联、系统关联三种不同的类型。前两种关联形式，主要在高校思想政治教育系统中不同构成要素间存在，表现为周边环境与不同要素间存在着的关联性关系。在这一关联性的影响下，协同育人结构呈现出稳定性、独特性的特点。课堂教学中，师生之间的关联便属于内部关联范畴，其中，主体与客体之间的关联，不同主体间的关联也表现为一种协同关联。在对教育实践流程进行汇总整理期间，教育者和受教育者间并非仅仅表现为教育主体与教育客体的关系，从协同关联性特征角度看，教育者与受教育者之间的地位出现较大的转变，也就是从原有的单一主体关联逐渐朝着内部协同关联的方向发展。与此同时，教育介质、教育者、受教育者也构成协同关联关系。所以，为了优化思想政治教育结构建设，我们应该有效地将内外关联联系起来。高校思想政治教育育人系统在应用期间，具有全员性、整体性的特点，高校全体教职员工均承担着育人的工作。在育人系统中，不同子系统均具有独立性、完整性的特点，不过要想实现教书育人的效果，便应该关注系统关联性。相应地，高校思想政治教育协同育人机制发展中，以关联性为前提，能够整合系统资源，促进系统健康有序发展。协同育人机制建设发展中，主要步骤便是做好思想政治教育主体协同。其中，协同育人机制是否能够得以成功，在很大程度上与主体协同契合度密切相关。我们应该切实明确思想政治教育主体协同规律。

首先，增强思想政治教育不同主体之间的关联性。原有的育人模式下，不同育人要素彼此独立，不同要素的单一作用很难发挥，不过当各种要素融入集体之中，不同要素彼此作用与影响，则能够给集体发展注入全新的动力，起到良好的协同效应。在引导集体发展的积极影响进一步提升的基础上，能够带动其中个体效益的提升，反过来也会促使他们更好地为集体发展贡献力量。

其次，增强思想政治教育不同主体的协同理念。物质世界发展中，意识形态在其中扮演着关键性角色。所以，我们应该积极培养不同主体的团队合作理念。如果思想政治教育主体不同而协同育人的目标相同时，彼此间形成的协同效应就为发展育人机制提供了发展动力，这样能够确保不同主体彼此影响和促进，由此能够达到一种科学和谐的发展状态。最后，控制思想政治教育不同主体顺利推进。在积极科学的组织结构框架下，思想政治教育主体能够顺利保证育人机制有序开展，并且在此期间，不同主体在和谐配合下能够增强整体效果水平，并且可以考虑到不同个体的发展规律。

四、促进高校思想政治教育协同育人机制的措施

（一）规范学校教育的引导团队

引导团队在一所学校中是非常重要的，他们主要负责学校内的一些政策的制定。只有领导队伍将这一机制的精髓理解通透，才能相应地制定出适合自己学校、自己学生的政策，才能使这些政策更好地落实、更好地适应。学校既可以借助外部资源，也可以通过邀请有名的专家等方式，来更好地了解自己学校的情况，然后通过对学校自身的情况进行分析，组建专业的策划团队，进行组织策划。学生是这一机制的主要受用对象，可以用电子调查问卷，面向全校进行提问，让学生说出自己的想法，并尽学校所能，将学生的回复中可行的答案安排在这次的策划当中。这样做也是有一定的好处的，例如，这样做可以让学生觉得这个策划有自己的参与，可以更舒服地受用这一套策划，可以让学生积极地参与学校的各种活动，也可以使这一机制更好地在学校落实。这些好处，都是显而易见的。

（二）规范教师的教课，提高他们的思想水平

一名优秀的教师，不仅仅要在自己擅长的方面优秀，还需要是全面的，不仅要擅长教学，还要做到能用自身的所作所为来深深地吸引学生、感动学生、感染学生。教师需要将学校的政策弄懂、弄透，做到烂熟于心并深刻体会，将那些文字转化为自己的想法，以另一种形式传递给学生。这才是一个优秀教师所要做的事情。当然，他们对学生的感染并不是天天在他们的耳边说着那些刻板的话，而是以身作则、身体力行，在潜移默化中教会学生应该怎样做人、应该怎样待人。首先，教师应该对自身提高要求，积极地接受学校的各种思想教育。这样才能对学生进行最有效且高效的人文素养培育。其次，教师也要有吸引住学生眼睛的能力。这就在情操、胸怀、品格等方面对教师提出很高的要求。最后，教师要多用自己的思想高度来关怀学生，对学生给予高度的尊重，对学生能够深入了解，关注学生的成长，对学生宽容，及时对学生的坏情绪进行处理。

（三）调整和增加教育方式

在校园里对学生进行思想教育可以有很多形式，例如，建设专门的社团、举办相关的活动等。学校不仅是一个教书育人的地方，还是一个具有文化感召力和思想感染力的地方以及学生用来学习的地方。很多高校有意识地为学生构建一个充满人文气息、思想高度的校园氛围，为学生提供一个具有人文精神和思想高度的环境，从而使学生在这一良好的校园氛围中学习人文素养，提高自身，成就自身。高校如果想让校园更加美好，就应该尽自己所能做好以下四个方面：首先，要让校园里能感受到人文思想，同时要让学生感觉自己为"有高度的思想"所包围。其次，就是要增加一些人文景观，来增加氛围感，同时，可以和图书馆的相关教师做好沟通，让图书馆的相关教师做一些相应的对策来帮助学校，这些也为学生学习人文素养和"有高度的思想"造就最大便利。再次，让学校的每一个角落都能感受到政治思想的存在，例如，可以组织学生画海报、做手抄报，进行收集、评比，并将获奖的作品张贴在专门的区域内，供全校师生阅读浏览，让教师和学生同时感受、同时进步。也可以组织演讲比赛，

征集演讲稿，并进行张贴。激励学生和教师在这一浓厚的氛围下积极学习人文精神。最后，开办一些丰富多彩的活动来吸引学生和教师，为更多学生和教师提供接受人文素养教育的机会，例如，可以在校园内举行以红色经典为中心的文艺演出，从而歌颂人文、歌颂红色等。这些都可以帮助学生和教师更好地学习人文精神，可以在这一氛围下提高自己，由内而外地感受这一氛围。以上是一些我们能想到的方式，但方式并不唯一，每个学校都有自己的特色，学校可以按照自己的想法，来组织和策划一些活动，让学生积极参与到这一活动中来。

（四）积极地将想法融入课堂中

首先，高校在进行思想政治教育的同时，可以通过一些课堂教学来对学生进行思想政治方面的教育。思想政治理论课对学生很多想法的形成有很大的帮助作用，此类课程对培养学生高尚的精神品质有很大的帮助作用。这些课堂的教学内容能使学生建立一些伟大的精神品德，学会为人处世的方式。教育学生始终是高校开设一些课程的原因。开设思想政治理论课有很多好处。例如，可以使学生找到自己的理想，可以培养学生拥有一些高尚的精神，可以让学生掌握丰富多彩的文化知识，可以让学生懂得更多的规矩，学会遵纪守法。这些课程在很大程度上能够起到帮助学生提高人文素养的作用。其次，给学生一些相关的课程供他们选择。《中共中央国务院关于深化教育改革全面推进素质教育的决定》中指出："高等学校应当要求学生在一定时期内选修包括艺术在内的人文学科课程。"很多高校因为学生在学校学习的时间有限，学生学习专业知识的任务已经非常繁重，没有时间和精力来学习与专业关系不大的课程；很多高校开设了与人文精神相关的课程，但只将它们作为公共选修课程，没有给予这些课程高度的重视，以至于这些高校的学生在人文素养上面并没有比别的院校表现突出。只有学生充分掌握了与人文有关的一些知识，才能让他们的情绪变得多元化，来对他们的人格进行塑造。

高校教师要学会在课堂中融入与人文精神有关的知识，让学生即使没有身处思想政治理论课课堂，也可以学习到与人文精神有关的知识。教师也要学会在教学内容中寻找与其相关的内容，并且在讲课的过程中融入进去，这样既能帮助学生学习自己的专业课内容，也可以帮助他们开动脑筋，和同学互帮互助，培养能吃苦、追求卓越的良好品质，让专业课在提高学生人文素质方面能够有一些好的帮助，甚至可以提高人文素养。

（五）融入创新思想

国家在很多方面都积极鼓励人们创新，而需要改造的地方其实就在我们身边，只要我们积极地去寻找，在社会中是不难发现的。正如这一机制一样，我们可以加入一定的创新思想，使这一机制大放异彩，比如，我们可以跨越学科来对学生进行思想教育工作，可以将教育层和管理层相结合来进行思想政治教育工作等。很多人不知道什么是跨越学科进行思想政治教育工作，以下就是关于它的解释：每一所高校里面都有很多的专业和学院，他们学习的内容和侧重点都不尽相同，所以，如果各个学院之间相互合作、相互帮助，交换教师进行教学，就会达到更好的思想政治教育效果。

第三节　高校思想政治教育协同育人机制的效果评价

一、思政课教学评价的内涵

思政课教学评价是依据教学目标对思政课教学过程及其结果进行价值判断并为教学决策服务的活动，是利用测量和非测量的种种方法系统地收集资料信息，对学生的发展变化及其影响学生发展变化的各种要素进行价值分析和价值判断，并为教育决策提供依据的过程。

教学评价是研究教师的教和学生的学的价值的过程，根据评价客体的不同，高职院校思政课课程教学评价分为要素评价、过程评价、实施效果评价三个类型。由此可以看出，高校思政课教学实效性的评价，就是依据一定的标准，运用测量和统计分析的方法，对思政课教学的实施效果进行质和量的估价活动。从本质上来说，高职院校思政课教学实效性的评价是一种价值判断活动，是对思政课教学活动的效果是否具有价值以及价值程度如何的判断。

教学评价一般包括对教学过程中教师、学生、教学内容、教学方法手段、教学环境、教学管理诸因素的评价，但主要是对学生学习效果的评价和教师教学工作的评价。教学评价的两个核心环节：对教师教学工作（教学设计、组织、实施等）的评价——教师教学评估（课堂、课外）、对学生学习效果的评价——考试与测验。思政课教学效果的评价是思想政治教育评价的核心内容，评价的方法主要有量化评价和质性评价。

二、思想政治教育协同育人机制教学评价标准

（一）以思政课教学协同育人的方案设置是否合理为标准

协同育人的方案是关于思政课教学协同育人的总体规划。作为规划，总要体现一定的教学理念，教学理念是随着时代的发展而变化的，因此，协同育人的方案要体现时代精神，要遵循思想政治教育观念现代化的发展趋势。

首先，在指导思想方面，应考虑方案的先进性、科学性和明确性；在制定目标时要考虑对时代精神的符合程度，对特定阶段学生身心发展水平的符合程度；在实施方案的结构方面要考虑方案设置对学生发展需要和当代社会生活需要的符合程度，以及课时量规定的合适性；在方案实施要求方面，要考虑实施方案的可行性。对思政课教学评价要注重评价它的"潜在性"，即不仅要评价高校思政课教学的潜力，评价高校思政课建设的后劲，还要科学评价其潜在效果与价值。以协同育人的方案为标准，可以使思想政治教育的理论性与实践性，科学性与创新性，知识性与价值性更好地统一。

（二）以思政课教学协同育人的方案设置是否规范为标准

规范标准就是评价高校思政课教学协同育人的方案是否规范的衡量尺度，主要体现为思政课教学协同育人的方案规范实施过程标准和规范实施的要素标准。

1. 规范教学过程

它是衡量教学过程与环节规范与否的客观尺度。其主要包括规范教学阶段、环节、程序和实施等系列环节，并使之能够相互衔接。例如重点对教学的准备、

实施和评估反馈三个阶段做出具体规定和要求，这样将有助于保障和促进其教学规范平稳、高效和有序地进行。

2.规范课程要素

它主要涵盖高校思政课的完整系统、有关具体规定和要求以及衡量课程要素的优质性。如教师的数量是否达到了师生的人数要求，学生的总体规模以及课堂学习的规模是否适当，学校是否具备了与现有学生规模相应的教学设施与条件，高校思政课是否具有受学生欢迎的教材及参考资料，并能否及时更新等。所以，优化思政课的教学要素结构，需要将教学的各个要素环节通过一定的方式，或者一个关系纽带将其统一在一个有机整体之内，以便能够达到最佳效应。

（三）以思政课理论性与实践性的结合程度为标准

高校思政课教学的效果，体现为学生对思想政治理论知识的掌握，体现为学生思想道德素质和综合素质的提高，体现为毕业生的综合素质和能力在社会实践中发挥积极作用的情况，即体现为知识掌握的效果、素质提高的效果和推动实践的效果。高校思政课教学担负着系统传播马克思主义理论和社会主义道德规范与法律规范的任务，其教学目标不仅要使这些理论思想内化为学生自身的思想道德素质，形成正确的思想道德意识和行为动机，还要把正确的思想道德意识和行为动机进行外化，使其能够帮助人们正确认识和处理复杂的社会关系，适应并创造现代社会生活，提高社会化程度，在社会生活的各个领域发挥其积极作用。

第四节　高校思想政治教育协同育人的驱动及运行机制

一、高校思想政治教育协同育人的驱动机制

根据协同学理论"不稳定性原理"可知，内在驱动即存在于思想政治教育协同育人"内在的差异"。从理论角度来看，思想政治教育协同育人的内部驱

动机制属于科学研究与人才培养彼此融合各方内部的动力机制。本章分别从利益吸引、自身发展所需出发，本着循序渐进的原则对思想政治教育协同育人的内部驱动机制做进一步解读。其内在动力与利益吸引彼此相对。任何一种合作的内在动力均与合作双方切实利益有关，在缺少利益吸引的情况下，合作难以形成，且无法持久，高校间的合作同样如此。对于思想政治教育协同育人而言，利益因素是重要因素之一，发挥着不容小觑的驱动作用。

（一）跨部门任务驱动机制

从总体角度来看，高等学校拥有教书育人、科学研究、服务社会这三大职能。教书育人是其立足之本。从培养渠道来看，一方面需要通过课堂授课实现理论知识的传递；另一方面需要利用课下时间促进青年学生创新能力提升。高校的存在价值能够通过科研项目的开启、科研成果转化、领域内竞争实力增强来呈现。在利益吸引下，双方能够进行合作，极易获取更多收益。高等学校聚集着大量人才，不过受我国国情所限，又有着教育资源总量不多，人均教育资源不足的短板。高校不仅拥有先进的科研平台，又有着丰富的仪器设备，不过人力资源存在缺口，两者之间存在互补的内在逻辑关系。当彼此合作，定会实现扬长补短，互惠共赢。

首先，对于高校而言，伴随着高等学校内人才的涌入，人手紧张的问题能够顺势化解，助力科研项目发展，在这种情况下不仅能够承接规模更大的科研项目，而且能够得到更多的支持（科研经费）。其次，对于高校来说，在其他高校的帮助下，学校的科研经费、师资力量、学科建设水平等具有水涨船高之势。关键对于青年学生、研究生或博士生而言，高校提供的科研平台与科研仪器、科研项目是其不可多得的资源，他们能够借此契机实现对前沿科技的了解，通过科学研究攻克难题，将科学研究技术内化于心，自己的眼界、创新能力等均能够得到改观。如此一来，基于科学研究促进人才培养能够成为可能。在利益驱动下的高校间一旦达成合作，能够对现有资源加以整合，分享彼此研究数据及成果。以此为背景，思想政治教育协同育人活动定会步入良性循环，实现持续发展。发展才是硬道理。在科教兴国的大环境下，高校作为事业单位，应具有与时俱进的发展意识，在不以营利为主要目的的前提下展开合作，顺应社会发展规律，历经社会考验，通过自我努力实现稳健发展。

高等学校在发展进程中应始终以培养人才为己任，兼顾其他职能实现，比如启动科学研究活动、助力社会健康发展。通常来说，通过分析高等学校的人才培养质量、科学研究成果、学科建设水平等能够一窥其综合办学能力，同时，这与高等学校的名誉、知名度和影响力也有着密切关联。伴随着高等学校美誉度的提升，社会影响力的扩大，在教育领域内既能被视为标杆，也能够获取由国家提供的诸多支持，其办学资源和生源会持续攀升，一方面能够为高等学校可持续发展目标达成做良好铺垫；另一方面其办学水平将会愈来愈高，成为一流甚至超一流大学的概率不断增加。高校的主要任务有三：一是完成重大科研任务；二是实现科研项目获取；三是争取必要科研费用。对于高校而言，科研能力、创新能力、学术成果均属于其核心竞争力。因此，高校应通过科研任务攻克一道道难题，并注重自我成果转化能力的提升，以便在激烈的竞争中脱颖而出，从而实现突破性发展。

高校间进行有机结合。首先，高校的参与，能够促进高校科研实力、人才培养能力的提高，为其学科建设创造更多利好条件；其次，高校的参与，能够为高校攻克科研项目、科研成果成功转化奠定基础，当青年学生毕业后能够作为后备军促使高校队伍不断扩大。从长远角度来看，两者结合并非凭空想象，而是经过考量后做出的重要决定，是一种顺应社会发展的明智之举。中国科学技术大学（即"中国科大"）和中国科学院相关高校间的有些合作同样是基于内部驱动机制得以演变和推进的。从中国科大提供的资料可知，中国科大诞生于 1958 年，在建校伊始就与高校建立了合作关系。1959 年，中国科大凭借出众的人才培育能力被认定为全国重点大学。

思想政治教育协同育人驱动机制模型中包括外部驱动机制与内部驱动机制。其中，外部驱动机制中有政府提供的牵引力，源自科技的推动力，国内外环境所产生的影响力等。内部驱动机制包括利益间的吸引、自身发展客观所需等。唯物辩证法认为，事物的变化是内力与外力共同作用的必然结果。内因为事物变化提供了重要参考，是事物不可或缺的根本动力。其次，外因是事物改变的前提条件，且外因需要通过内因起作用。内因和外因同等重要，且有着相互影响的关系。进一步分析，内部驱动因素有利益吸引、自身发展所需，是思想政治教育协同育人得以产生的主因；外部驱动因素有政府牵引力、源自科技的推动力、国内外环境的影响力等，是思想政治教育协同育人稳健发展和壮大的关键。

从总体角度来看，整体性原则、协同性原则、动态性原则、创新性原则均是构筑大学生思想政治教育协同育人机制应时刻践行的原则。

首先，整体性原则。思想政治教育是由要素构成的有机整体。因此，在启动具体工作时，需要将整体性原则落实到位。否则，一旦缺少整体性原则，大局观极易被打破，难以从宏观角度出发，实现对整个思想政治教育活动的了解和把握，各构成要素间的内在逻辑关系会被无视，继而导致顾此失彼等情况出现。为避免以上情形出现，我们需要着眼于整体，兼顾校内育人要素及其作用发挥，有意识地将校内外育人要素融入思想政治教育系统内。

其次，协同性原则。基于该原则，伴随着要素间的相互渗透、彼此协作，极易收到"一加一大于二"的效果，有机体内的资源能够顺势得到整合，实现优势互补。在创建和完善高校思想政治教育协同育人机制时，参与主体应注重自我协调意识的强化，形成和应用良性互动模式，共同推动高校思想政治教育事业，使其步入稳健发展阶段。

再次，动态性原则。存在于思想政治教育机制系统内的不同因素兼具不稳定性特点与动态化发展特点。因此，思想政治教育过程定会伴随着内外部环境的改变而出现浮动，并非僵化不动。我们需要用发展的眼光去观察、去审视、去了解、去分析持续涌现的新情况和接踵而至的新问题。

最后，创新性原则。创新是一个民族不断前行的动力，又是推动一国稳健发展的重要力量，能够为思想政治教育学科注入新的内在驱动力，促使其更新发展理念。创新性原则需要结合客观情况予以落实。一方面，我们在完善高校思想政治教育机制时需要加强对传统教育方式的创新性使用；另一方面，我们应注重对全新教育方式的探索与归纳，从中选择最优的方式进行实践。此外，我们应对其他学科机制建设实践成果进行学习和借鉴，以便为思想政治教育机制建设方式的多元化发展预留更多试错空间。

（二）资源整合驱动机制

开展大学生思想政治教育活动是高校本职工作之一。高校教育兼具科学性、系统性与长期性，在整合高校现有教育资源时，应做到"全员育人、全过程育人、全方位育人"，[①]并实现思想政治教育协同育人机制的落实。高校的工作内容主要有教育、管理与服务。在当前阶段，教书育人理念早已与学校实践活动实现融合，不过管理育人与服务育人尚未得到淋漓尽致的体现。

1. 实现思想政治理论课教师与非思想政治理论课教师协同育人机制，着重培育专业课教师的思想政治理论素养

首先，高校应增设思想政治理论课程，定期举办培训活动，并要求专业课教师积极参与其中。通过学习，使专业课教师知悉思想政治教育育人理念及目标，使其了解思想政治教育内容及所用方式方法，鼓励专业课教师在实践教学中对所学知识进行活学活用。当思想政治教育与专业课教学实现有效衔接时，"双赢"目标很容易实现。

其次，思想政治理论教师与非思想政治理论教师彼此应"结成对子"，他们通过"面对面""一对一"的交流，着重进行教学大纲的拟定，教学大纲一方面需要契合各自专业教学需要，另一方面能够促进学生思想政治理论素养的提升。在实践教育活动中，高校需要密切关注思想政治理论课教师表现，对其现存疑难问题进行指点，提供解决思路。

最后，高校应举办教育活动，实现非思想政治理论课教师职业道德提升。高校的主题宣传活动应向着多样化方向发展，征文比赛、道德主题演讲等均可。

同时，高校在媒介宣传中应树立标杆，发挥其模范带头作用；聘请专家为教师举办专题讲座，为教师答疑解惑，优化其教学理念，避免只教书不育人、表率作用不强等问题出现。对于专业课教师而言，其应始终具有与时俱进的发

---

① 十八大以来重要文献选编：下 [M]. 北京：中央文献出版社，2018.

展意识，注重自我思想政治理论素养与职业道德的提升，用严谨的学术态度、高尚的职业品德、得体的言行举止等赢得学生肯定，并对其产生潜移默化的影响。

2. 促进教育与管理融合，将思想政治教育纳入学校管理

首先，管理者应时刻铭记"管理也要育人"的理念，优化自我管理意识，提升当前管理水平和自我素养意识，通过学习，知悉当前的不足之处并加以优化，以学校规章制度为准，做到严以律己。其次，管理者应注重自我思想与具体行为的结合，通过思想政治教育活动和自我言行举止使大学生意识到思想政治素养的重要性，以管理者为样本进行学习。最后，在日常管理工作中，管理者应基于科学理论完成现代管理制度的创建和完善。同时，管理者应该践行"以生为本"的理念，分析学生特点和客观所需，聚焦其心理需要和思想状态，创设平等、自由、民主的管理环境，优化当前的管理模式，实现对各类管理载体的综合应用，伴随着管理活动的持续深入，使大学生拥有更多的思想政治理论素养。

3. 促进育人与服务融合，让育人理念融入高校服务过程中

服务育人拥有其自身优势及特点。在高校内，负责宿舍管理的工作人员需要尊重学生的主体地位，关心学生，有条不紊地开展学校宿舍工作；负责高校食堂工作的服务人员应具有吃苦耐劳、积极奉献的精神，塑造艰苦朴素、热情洋溢的服务形象；负责高校绿化事宜的工作人员应做到尽职尽责，结合校园绿植特点，培养出形态各异的植物，将美化校园环境视为己任。在以上服务人员的努力下，学生能够被他们兢兢业业的工作精神和高水平职业素养打动。服务育人具有潜移默化和润物细无声的特点，这种优势是教书育人、管理育人不具有的。当我们有意识地促进育人与服务融合，能够更加发人深省，诱发学生思考。因此，高校应注重举办座谈会、开展各类培训活动，在不影响服务人员工作的前提下，鼓励服务人员积极参与其中，将育人思想内化于心，强化其育人意识。此外，高校有必要为学生提供在校服务岗位，为学生参与校园服务提供契机，此举能够培育学生的奉献精神与为人民服务意识，又能够借学生角度审视学校服务系统，进行查漏补缺。

总之，高校应注重校内全员育人机制形成。一方面，基于教书育人、管理育人、服务育人构筑协同育人机制，将"育人理念"落实到实践活动中。另一方面，从微观角度出发，促进以上领域内各要素协同合作。如此一来，思想政治理论课与非思想政治理论学科间的相互渗透力度定会有着大幅改变。

（三）协同育人的过程驱动机制

任何工作的制定和实施都不会一蹴而就。这是一个渐进和可持续的发展过程。因此，从宏观和长远的角度来看，高校需要根据学生特点和现有教育资源，构建阶段衔接、环节紧密的教育机制，为高校思想政治教育服务活动提供帮助。

1. 建立健全招生教育机制

新生进入校园后，高校应开始开展思想政治教育活动。一是借助各种新兴媒体，开展党团宣传活动，宣传共产主义者的先进事迹，唤醒大学生以共产主义者高尚的道德品质为人民服务的意识。二是通过专题讲座，为新生了解学校发展历史提供了一条可行的途径，介绍历届优秀毕业生及其事迹，确定学习模式，有效激发新生更加努力、更加勇敢的学习动力。三是引导新生了解学校机构设置、规章制度，回答问题、解惑，规范言行。最后，开展观念信念教育，赋予新生更多的责任感和荣誉感，鼓励他们确立自我发展目标，努力让个人成为国家的栋梁。

2. 完善心理健康教育机制

心理健康教育很难一蹴而就。这项活动应贯穿大学的各个阶段。一是心理健康教育机构要立足实际，完成心理健康教育年度计划的制定，不断增强学生的心理健康保健意识，优化学生的心理素质。其次，心理健康教育机构应加强对高素质心理咨询师的引进，保护咨询师的隐私权，并结合存在的问题，发布多种帮助方式和指导方案。促进个别辅导案例的形成，及时转介有严重心理问题的学生。最后，心理健康教育机构要有预防意识，定期举办心理危机预防和干预活动，落实心理危机调查制度，建立心理危机干预机制，遏制心理危机问题的发生。

3. 加强和完善就业创业引导机制

创新创业教育的育人价值主要是提高大学生创新创业的基本素质和开创性，应着眼于促进学生实现自身全面而自由的发展。目前就业形势严峻，毕业生创业成功率较低。究其原因，与学生的职业综合素质、创新创业能力等因素有关。思想政治教育协同创新创业教育发展，一方面，能使学生在思想政治教育的学习过程中加深价值认同感以及对自我的探索与认知，能树立马克思主义创新创业观，形成求真务实、开拓进取的创新精神，使学生择业观思维更灵活，进一步认识当前就业市场大趋势和行业需求等问题，加快学生从被动求职者到主动创业者的转化。另一方面，两者协同发展能够让学生树立正确就业创业思维、锻炼社会实践能力，使其成为兼备创新思维和创新能力的创新型人才，提高毕业生就业创业竞争力。

随着时代的变迁，教育主体和教育客体的内外部发展环境发生了巨大的变化。对于广大思想政治教育工作者来说，应加强对现有各种载体的认识和分析，根据自身优势，完善多角度、全方位的思想政治协同教育机制。

一般来说，会话、会议和理论教育属于传统载体。在思想政治教育活动中，要多角度加强对传统载体和现代载体的理解和运用，促进其内在优势的体现，并加以整合，以扩大教育的辐射面，增强教育的渗透力，增强大学生思想政治素质，促进正确社会主义核心价值观的形成。面对教育实践，教育主体需要加强对受教育者具体情况的了解，尊重学生的特点和要求，在思想政治教育活动中筛选切实可行的载体，避免一个载体的重复使用。例如，单词和各种规则很难受到理工科学生的青睐。如果选择传统的理论教育载体，很难达到与预期一致的教学效果。在此背景下，教育者应根据学生的特点，将大众化载体，如媒体载体和活动载体作为首选，促进两者的融合，提高思想政治教育的实效性。客观地说，世界上没有完美的载体。就如传统航空公司和现代航空公司各有优缺点。在思想政治教育实践中，用户需要在自身优势的基础上，结合自身的优势和劣势，促进优势互补，取得扬长补短的效果，帮助思想政治教育的实践和目标实现。

现阶段，高校的合作意识、合作热情、交流活动和合作类型逐年增加。但是，不同学科之间的互动太少，相互合作的数量不多，影响了优质教育资源存在价值和现实意义的充分实现，不利于高等教育人才培养目的的实现。不同的学院和大学有各自的教育优势。我们可以通过分析他们的教育理念、硬件设施、教师和学生的学习氛围来了解他们的具体优势。高校思想政治教育校际合作机制的建立，可以打破高校之间的"隔阂"。在参与者的指导下，教育资源可以得到优化和共享。1999年，国内高校纷纷实施扩招政策，高校大学城如雨后春笋般崛起。在同一城市，高校规模和数量不断扩大，分布呈现集聚趋势，地理位置十分接近。这一客观事实为地方高校联合培养机制的建立提供了诸多便利条件。2010年以来，高校办学理念不断优化，高校合作共赢得到越来越多教育实践者的肯定，资源共享行为受到高度尊重，建立和完善高校联合培养机制成为可能。2016年，习近平在全国高校思想政治工作会议上提出，把思想政治工作贯穿教育教学全过程，开创我国高等教育事业发展新局面。2018年，习近平在全国教育大会上强调，坚持中国特色社会主义教育发展道路，培养德智体美劳全面发展的社会主义建设者和接班人。2021年，习近平提出，深入实施新时代人才强国战略，加快建设世界重要人才中心和创新高地。

二、高校思想政治教育协同育人的运作机制

人文教育的重点有三：一是促进人文知识传递；二是促进价值体系确立；三是实现对精神世界的打造。在适用范围、作用影响方面，科学教育与人文教育各有特点，如果能够将两者融为一体，大学教育内容定会愈加丰富。同理，如果能够分别将存在于科学教育和人文教育中的思想政治教育资源提取出来，通过协同育人互补机制的形成促进两者融合，势必能够取得与预期趋于一致的实施效果，促进学生科学知识量增加，进一步强化其科学精神、助力个体健康成长和全面发展。

（一）跨界融合机制

高校应具有创新教育理念的意识，加强理工科院校与文史类院校的合作，促进科学精神与人文精神结合，一改过去高校"重科学、轻人文；重知识传播、

轻道德精神培育"的教学偏见。高校想实现高素质人才数量和质量增加，则需要具有大局观，丰富专业内涵，打破文理分家的局面。首先，在文史类专业中增设科学教育基本课程，可以实现对科学知识及科学精神的传播；其次，在理工专业中加强人文学科建设，可以鼓励科学精神与人文精神持续渗透。

高校应注重渗透机制的建立和完善。首先，通过人文教育向科学教育渗透机制的确立，选用课堂阐述和潜移默化的形式，将那些人文知识、人本思想、人生价值和理想等告知理工科学生，优化其思想道德素质，提升其道德修养和责任意识。同时，高校应基于所需积极邀请文史类院校教师与理工类院校专业课教师进行交流，彼此分享教育经验，授课心得，实现"互通有无"，使理工类院校专业教师加深对思想政治教育的了解，拥有更多人文知识、责任意识，以便给学生带来耳濡目染的影响。此外，理工类院校应在文史类院校的帮助下增设人文素质课程，为理工科学生提供更加优越的人文知识学习环境，让他们切身感受人文气息的特点及作用。其次，完成科学教育向人文教育渗透的机制。比如，将科学教育课程纳入文史类院校，丰富学生科学知识储备量，邀请理工类院校的专业教师对科学概念、原理、注意事项等进行分析，并做全面解读。

对于学生而言，伴随着科学知识量的增加，其认知能力、问题解决能力、改造世界的能力会持续攀升。文史类院校在不影响日常教学节奏的前提下，可以联合理工类院校为学生参与到科学实验中提供机会，让他们切实感受科学实验的严谨性与一丝不苟的科学精神。文史类院校在与理工类院校达成一致的情况下，邀请科学家或在科学研究道路中有一定建树的学者前来举办各类专题讲座，能让学生从中领略科学文化具有的独特魅力，努力培养学生对科学的兴趣。在学生成长阶段，科学教育与人文教育同等重要，不应有所偏颇。高校应注重科学教育与人文教育融合，使学生兼顾科学文化知识学习，巩固其人文精神，此举能够让学生从多个角度去审视自己，突破狭隘的自我，在探索自我存在价值的同时，实现健康发展。

在高等教育活动中，思想政治教育处于核心地位。思想政治教育活动的启动与持续进行并非易事，需要在党的引领下，取得社会各界的支持，当学校、家庭和社会做到同心协力，各育人要素得到整合，思想政治教育所具有的主动性、针对性及时效性才有可能实现改变。因此，高校应加强对以下两项工作的关注：一是各种有益教育因素的获取、分析和应用；二是完成大学生思想政治教育协同育人校外联动机制的创建与完善。不同于家庭教育和社会教育，高校是专业的教书育人机构，无论是教育经验、教育资源还是教育成果均优于两者。首先，高校应本着抓主放次的原则将思想政治教育理论课程改革视为重点来抓，梳理和分析传统思想政治教育理论课程的存在价值和实践意义，促进现有课程体系适用范围拓展，优化当前教育教学方法，避免教学方式与现实生活相脱节。其次，拓宽教育渠道，积极探索新的育人方式，注重育人经验累积，使大学生拥有更高的思想道德素质，实现自我科学文化水平提升。最后，持续优化思想政治教育队伍，以事实为依据，深挖队伍成员内在潜力，"既要发挥思想政治理论课教师、哲学社会科学课程教师、辅导员以及班主任的主体力量"，又需要对校外教育资源进行合理应用。

从理论角度来看，大学生所具有的品格、思想政治理论素养与其接受的家庭教育有着密切关联。因此，有必要将家庭教育顺势融入思想政治教育协同育人机制内。经过分析能够发现，在家庭教育中，家风教育给学生带来的影响最为明显。家风是某一家庭历经几代人逐渐形成与思想行为有关的文化沉淀，是先辈留给后人的文化遗产。家风教育有着润物细无声的作用，能够在潜移默化中纠正学生行为，促进其甄别能力和正确价值观的形成。对于家长而言，应注重和谐家风的构筑，主动投入到大学生思想政治教育活动中，赋予学生独立自主、勤俭节约、团结互助、奋发向上的精神。首先，家长应做到言行一致，成为学生的榜样，家长的优秀品质与作风是学生不可或缺的主体力量。其次，家长应注重民主、和谐、自由这一良好家庭氛围的营造。轻松愉悦的家庭氛围能够让学生养成敢于表达自我观点，主动与父母沟通的好习惯，且有助于其健全人格的形成。最后，在学校和家庭之间注重沟通机制的确立。

社会是一所无言的学校，又是一个大染缸。社会应始终坚持正能量的弘扬，注重正面舆论引导。不可否认，社会中客观存在很多不文明现象，不过也有诸多正能量，他们具有强烈的奉献意识，能够做到舍己救人；他们坚守在平凡岗位上书写不平凡的一生；他们坚持信念，为打造小康社会增砖添瓦，贡献一己之力。如果将这些先进人物、感人事迹融入高校思想政治教育中，一方面能够丰富其教育素材，激发学生的学习积极性，另一方面有助于现有教育成果的巩固。

在当前阶段，产业资源、教学资源、科研资源彼此相分离的现象司空见惯，学校教育与企业对接不理想，大学科研与教学相分离等问题屡见不鲜。在开启思想政治教育时，需要从整体角度出发，加强对现有资源的合理应用，并促进产学研联动育人机制完善。高校应具有与时俱进的发展意识，破旧立新的勇气，摆脱传统思想束缚，具有"大学术"观。该观点认为，教学、科研均是学术的具体表现，科研应服务于教学，高校需要促进最新科研成果与教学的融合，为教学实践活动的进行奠定基础并提供理论性指导。毕业后的大学生将会正式步入社会，走向具体工作岗位。此时，高校思想政治教育有必要从企业角度出发，促使学生拥有良好的职业精神、道德和素养。譬如，质量观念、创新意识、竞争意识、敬业精神等。高校需要将以上精神理念慢慢融入思想政治教育等核心理念。同时，注重高校学生思想政治教育途径的进一步拓展。高校可以为大学生安排校内企业导师为其指点迷津，举办优秀员工交流会鼓励大学生参与其中，对其进行职业意识教育。

一般来说，传统思想政治教育习惯性选用面对面的交流方式进行教育内容的宣导和传递。这种教育方式为教育者及时了解被教育者思想动态，优化教育内容，调整教育模式等提供了可行路径，其教育效果与预期趋于一致。只是，面对面交流会受到时空等客观因素所限，关键我国教育资源数量有限，如果选用一对一的教育方式，难以兼顾所有被教育者，个体隐私还存在被泄露的风险。伴随着互联网技术的应用，网络教育强势崛起，在高校思想政治教育活动中得到广泛应用。网络资源总量多、类型杂，需要进行筛选，将那些虚假、负面的信息资源摒弃在外，避免产生负面影响。因此，高校应注重线上与线下教育活动的结合，以此为基础，开展思想政治教育工作，以便获取一加一大于二的教育实施效果。

（二）横向拓展机制

高校思想政治教育是一个综合复杂的系统工程，面对新情况新任务新挑战，必须从总揽全局的高度出发，整体设计谋划，以立德树人为总体要求，从促进学生全面发展的目的出发，厘清育人体系中各个系统和要素之间的内在关联和作用机理，制定符合新时代要求、符合高校实际的思想政治教育战略规划。要将提高育人质量和效果落到实处，需要明确思想政治教育协同育人全过程管理的目的、内容、实施主体、实施方法以及如何实施等。

在当前的社会背景下，高校要促进思想政治教育协同教育目标的实现并不容易。要做到以下几点：一是以正确的价值观为指导；二是立足实际，完成顶层设计方案的制定；三是推进制度保障体系建设。然后，针对协作教育存在的问题，积极探索切实可行的教育方式，做到事半功倍。在思想政治教育活动中，人才是必不可少的要素。在思想政治课教学的协同教育中，人才始终处于主体地位。借鉴人的存在形态理论，吸引多学科参与，要真正实现全面教育，就要通过整合个体要素，完成协作教育新模式的构建，强化群体关系要素，构建整体社会体系。以多学科的相应功能为参照，将多学科分为四类：一是管理学科；二是实施主体；三是接收主体；四是支持主体。管理主体包括党政干部和共青团干部。在现任党委的指导和支持下，党政干部负责制定思想政治教育协作教育组织建设和具体工作的实施；共青团干部是后备力量，他们的主要职责是配合党政干部开展相关工作。在合作教育过程中，党政和共青团干部要注意发挥主体作用，理解和尊重合作成员的选择权、知情权和参与权。针对合作教育推进过程中存在的问题，通过班主任、教师、辅导员等实施主体，采取民主协商的主要方式，调动全体参与成员的工作积极性。在思想政治教育环节中，教师起主导作用，要始终遵循教育规律，把握协作教育活动的方向，纠正其他成员的"违规行为"。

教师和辅导员在教学过程中，应避免本末倒置，而是要坚持重本弃末的原则，探索学生的成长规律，了解学生的内在思想，改善学生的不良行为和错误观点，促进思想政治教育协作教育目的的实现。学生是主要的接受者。在思想政治教育协作教育活动中，学生是服务对象。通过这项活动的有序推进，一方面可以有效地激发学生潜在的主观能动性，另一方面也可以提高学生的思想政治素质。支持主体包括财产和后勤人员。在育人过程中，支持主体应表现出专业技能和敬业精神，对学生产生潜移默化的影响，努力为高校协作教育的整体工作保驾护航。在团队中，人与人之间的完整性和团结性可以被淋漓尽致地展现出来。在现实生活中，人们从不孤立地存在，而是与他人有着密切的关系。他们属于一个群体。基于人与人之间的关系，他们逐渐形成了具有相对稳定特征的社会关系。根据历史分析，高校思想政治协作教育可以看作是一种群体活动，并得到了多学科的帮助。在和谐的群体关系中，多元主体应具备以下三点：

1. 统一追求目标

据悉，高校思想政治教育协同育人主体均有属于自己的"子目标"，并为之努力。多元主体在主流社会价值的引领下，应通过双向沟通，激发情感认同，促进价值认同，明确互惠共赢目标，助力高校人才培养活动的有序推进。

2. 统一活动规范

由高校创办的思想政治教育协同育人活动并非凭空想象和任意发展，这是一项"有原则"的活动，需要集结多元主体之力，为避免出现混乱，有必要将法律条例和行业规范奉为圭臬。

3. 强化多元主体统一行动能力

在互动环节，尊重多元主体提出的诉求，促进其主体性与能动性发挥，持续优化思想政治教育协同育人理念所具有的公信力、影响力和知名度。

高校思想政治教育协同育人是一项大工程，为增强多元主体存在价值与积极性，有必要促进多元主体协同合作综合机制的构筑。一是领导机制。在高校思想政治教育工作中，高校党委处于核心地位，关系到教育工作成果的增减，因此，需要在党委的统一引领下，对顶层设计做必要优化，对总体战略布局进行统筹规划。党委鼓励各主体进行有效联动。二是协调机制。深挖各主体的主观能动性，明确其定位，对各主体间的内在逻辑关联做适度调整，促进个体与群体能动性的融合。三是保障机制。对于高校创办的思想政治教育协同育人工作而言，所需保障要素有人力、物力和财力。高校及多元主体应本着未雨绸缪的原则主动争取地方专项资金、社会各界力量提供的捐赠等，尽可能实现资源共享。同时，通过物质与精神激励，强化育人主体参与意识，促进其功能及积极影响作用的发挥。四是评估机制。创建一个专门的评估中心，借助观察法、一对一访谈法与问卷调查等方式方法从多个角度出发加强对协同育人现状的了解，并做出客观评价。五是监督机制。立足于现实，组建监督小组，知悉各主体思想观点，梳理现存问题并加以解决，促进主体协同关系的有序推进。在高校内部，多元主体应具有全面发展的思想认知，将协同育人观念融入相关工作。

部门协同应着眼于大局，从宏观角度出发促进思想政治教育协同育人工作目标达成。作为参与主体的高校应将校长责任制落实到位，做到党委与行政携手并行，促进层级式部门管理体系形成。计划和目标的组织实施是高校思想政治教育协同育人质量管理和提升最为关键的环节，是对合力形成过程中各育人主体力度偏差的及时纠正，是解决运行过程中存量和增量矛盾的重要路径。要消除高校部门之间、学科之间、载体之间的种种壁垒，建立协同创新育人的体制机制，汇聚各方资源，精准施策，讲好角色故事，确保思想政治教育协同育人产生实实在在的效果。高校思想政治工作委员会应在目标明确的前提下负责组织各育人主体开展工作，规范育人主体的行为，促进育人资源和信息的共享，及时纠正育人过程中出现的偏离运行轨道的现象。行政职能部门是重要的支撑主体，教务部门要协同马克思主义学院改进教育理念，优化课程体系，整合专业课程育人资源，应用先进的教学技术和手段；组织和人事部门要编制和配备良好的师资队伍，严把教师聘用、人才引进政治考核关，依法依规加大对违反师德师风以及其他不良行为的查处力度，制定育人成效考核指标，做好部门间协作情况的考核评价；保卫部门围绕安全教育培养学生的安全意识和法制观念；后勤服务部门通过节水节电、建设美丽校园，通过敬业奉献的精神品质影响和感化学生；心理指导中心则关注学生全过程的心理健康，及时调整学生个体情感认识和情感体验发生的偏差，利用网络、微信公众号、服务热线等，提高学生心理保健能力。

部门协同其实是各种变量发挥影响作用，促使协作由无序顺势向有序转换。这里的变量有部门结构、部门间的交流机制、部门利益等。因此，根据客观所需，在构筑部门协同育人综合机制时，需要对现有变量做全面了解，力求通过量的累积实现质的改变。首先，对部门结构加以分析，持续强化领导机制。依托部门领导机制促进协同育人目的达成，并秉承与时俱进的原则对具有滞后性特点的高校教育体制及管理体制进行改善，创建交互型"整体性网络"，完成部门协同工作委员会的增设。通常来说，校党委办公室负责部门协同工作的提出，然后接受高校教职工与学生代表大会的审核，通过后明确部门日常工作内容。其次，完成部门协同育人工作小组组建，优化协同机制。从结构来看，部门协同育人工作小组成员由各部门负责人担任，负责协调部门工作，促进思想政治教育协同育人理念与实践活动融合，改善部门协作效率，减少工作时间损耗。同时，育人小组应定期举办主题会议，聚焦现有问题展开激烈讨论，并制定具有针对性的改进建议。再次，形成部门协同育人监督小组，持续优化监督机制。

各部门拥有的地位和发挥的作用并不相同。客观存在的不平衡性会影响工作目的达成。之所以增设监督小组，旨在对存在于协同育人工作中的问题进行排查，知悉部门人员工作状态，对部门衔接中的各种突发状况有着全面而及时地了解，并予以解决。最后，组建部门协同育人评估小组将持续优化评估机制。对于监督小组和协同育人工作小组而言，除却本职工作以外，还需要评估前期设计、中期落实和后期反馈，定期对工作人员的思想状态做出评价。对于协同育人工作而言，切实可行的评估是提升工作效率、优化作业成果的重要利器。部门协同工作委员会、协同育人工作小组、监督小组及评估小组陆续形成，有助于各部门统一发展方向，能够实现和谐民主和自由育人环境，为部门协作提供保障：伴随着部门间合作意识增强，合作深度增加，部门人员职业素质改善，部门协作育人的整体性网络势必能够得到优化。

（三）纵向贯通机制

在开展思想政治理论课时，高校将教师与学生面对面的授课方式视为首选，实现教学内容的精准传递。同时，促进授课方式的多元化发展，加强对社会实践活动等体验式教学活动的合理应用，促进其作用的发挥。对于线下思想政治教育辐射不到的领域抑或是优势不明显的领域，充分发挥线上教育优势。高校应坚持初心，安排专人负责思想政治教育主题网站的创建，丰富网站内容，定期发布优秀人物事迹、具有积极引导作用的图片及视频等，弘扬文明与正义精神。此外，依托电子平台为教育和其他教育者有效沟通，大学生即时交流，大学生释放个性等创造网络空间，允许其自由畅谈，针对时政热点各抒己见。线上思想政治教育活动的开启有助于高校及学科教师第一时间了解学生思想动态及意识观点，此举为后续教育工作的优化提供了必要参考。激励有助于思想政治教育效果的提升，在它的作用下，被激励者能够处于一个良好的状态中，甚至可以改善高校当前的教育水平。高校应注重激励机制的创建和完善，激发教育者和被教育者的积极性，在促进协同育人目标实现的过程中，获取事半功倍之效。

从总体角度来看，人的需求有物质需求和精神需求之分。激励也是以物质、精神为核心予以展开的。高校在构筑物质激励与精神激励相结合的机制时应注重以下三点。首先，物质激励与精神激励协调发展。货币及实物奖励是物质激励的常见形式，表彰及荣誉称号授予是精神激励的主要表现形式。平心而论，物质激励与精神激励兼具优势与短板，只有两者结合才能取得理想的效果。其次，立足于现实，持续完善激励方式。激励方式应契合实际情况与客观所需，如果无视具体情况任意选择激励方式，较易收到适得其反之效。此外，应注重激励方式的多元化、创新性发展，避免一成不变。最后，把握激励的强度，减少激励过度或激励不足等情况出现，否则极易挫伤教育者或被教育者的参与热情和积极性。激励机制的适用对象除却教育客体以外，还包括教育主体，做到两者兼顾。究其原因在于，教育是教育主体与教育客体的结合，两者缺一不可。进一步分析，如果只是激励教育主体，虽然教育主体的教育热情会大增，但是未必能够取得理想教育效果。如果只是激励教育客体，主体的积极性被忽略，教育效果同样无法实现质的提升。因此，在激励领域内，需要将教育主体和教育客体提升至同一高度，并注重两者融合。只有同时激励教育主体和教育客体，两者的积极性才有可能被激发。因此，高校应注重教育主体激励与教育客体激励彼此相结合机制的形成。

高校应基于"协同育人"的原则创建激励机制，明确激励措施，在思想政治教育协同育人目标的引领下，激励教育主体优化自我育人水平，注重交流与育人经验共享。另外，尊重教育主体提出的不同诉求，借用调查方式，对教育主体真正所需做全面了解。除却物质需求以外，需要为教育者自我能力强化提供更多利好条件。譬如，高校推出具有针对性与可行性的激励措施，做到奖人所需，激发育人主体工作积极性，力求做到奖赏分明，提升奖惩制度透明度及适用性。伴随着激励措施的全面实施，高校加强对反馈信息的采集、统计和梳理，为优化激励机制提供更多有益参考。从实践角度出发，促进大学生自我激励内容体系完善，完成评价指标的创建与健全。比如，教师有意识地将学生的思想政治素质、行为方式等纳入综合评价体系内，将其视为评优标准，为激励措施的拟定提供参考数据。教育主体应尊重学生主体地位，在部分领域内适当"放权"，"要以学生的自我教育、自我服务、自我管理、自我决策为主"，教师应注重自我引领作用发挥，在学生解决问题时伸出援手进行激励。鼓励学生在目标激励、格言激励等多种方式的综合应用下，拥有奋发向上的意识，塑造一个更好的自己。

另外，还要建立监督检查、结果评价协同机制，对执行效果的监督检查是检验高校思想政治教育协同育人各个环节得失的有效手段。执行效果的监督检查就是将思想政治教育协同育人实施结果与预先制定的目标和计划进行对比，检查是否达到了期望的效果。对执行效果的监督检查与目标的制定同等重要，是整个思想政治教育协同育人运行体系中不可或缺的一环。第一，高校要检查所订立的思想政治教育各项目标和计划是不是具有现实的可操作性，是不是存在不可能完成的目标；第二，要检查完成目标任务的方式方法是否科学合理，是否有不当的方法对结果造成严重的影响，在执行的过程中是否能发现更有效和更便捷的路径；第三，要检查预期完成了哪些目标任务，还有哪些是需要继续完成的目标任务；第四，要重点检查主客体以及社会等第三方对于思想政治教育工作所取得的效果的评价和认可度，特别要检查是否真正取得了实效，对于现阶段思想政治教育中存在的问题是否在一定程度上得到了解决。同时也要核查在执行过程中出现了哪些新的问题、新的情况，是否把监督和管理融入每一个环节和过程。教育主体不仅要承担主要的监督和检查工作，还要让广大学生，也就是教育客体参与到监督和检查过程中来，因为育人质量的高低直接体现在受教育者思想认识的真正提升上。对执行结果的评价不仅是对学校整体育人目标和指标体系的评价，而且涵盖了对"十大"育人体系的量化考核，同时要建立起对学生的跟踪评价体系。

大学生思想政治教育较复杂，这是一个包括诸多要素的系统，高校想要如愿促进思想政治教育系统育人目标达成，应结合每一环节，促进保障机制的形成。

通常来说，物质保障机制的构成要素有资金、网络平台等，现通过以下章节对其做深入分析。对于思想政治教育活动而言，充足的活动经费不可或缺。高校应基于政治教育发展要求准备活动资金。活动资金的来源有地方拨款、社会捐赠等方式。只有资金到位，高校政治教育活动才能顺势启动，满足管理、服务、建设等各环节存在的资金缺口，助力思想政治教育理论研究活动，为实践活动奠定坚实的物质基础。高校应创建和完善思想政治教育网络平台，基于这一学科特点及授课规律等增设专门的教育网站，推出红色文化宣传网页，设计智能小程序使其应用至多媒体客户端。当思想政治教育方式契合大学生学习习惯，定会受到欢迎。同时，高校需要实现对计算机网页设计费用及维护费用的核算。在开展思想政治教育前，高校需要为其提供必要的场地。比如特意打造心理疏导教室、预留谈心空间，通过物品陈设打造轻松惬意的氛围。高校可以增设专门的思想政治教育书籍浏览室，加强对书刊资源的优化配置，定期组织大学生前来接受"熏陶"，丰富其理论知识储备量，进一步强化其学习意识。

具体来看，在招聘或引进思想政治教育工作者时，高校应兼顾以下影响因素：一是应聘者是否拥有研究生及以上学历；二是应聘者是否拥有教育管理类、思想政治教育专业等学习背景；三是应聘者是否拥有坚定的政治立场；四是应聘者的沟通表达能力是否满足需求；五是应聘者是否具备管理实践经验；六是应聘者是否担任过学生干部等职位。高校需要通过教育培训活动的举办，促使思想政治教育工作者拥有更加丰富的理论知识，并注重以下工作的落实。借助岗前培训活动持续深化教育者的思想理论水平、专业能力，赋予其更多责任感与荣誉感，并将刚入职教师作为主要培训对象，着重强调思想政治教育经验及管理技巧的重要性。有些教师一心扑在学生身上，忽略了对前沿研究理论的了解；有些教师在正式入职后，其思想难免松懈。因此，伴随着学习及培训活动的开展，教师能够顺势加强对前沿学科理论的全面了解，分享他人教学技能及经验，拥有更加先进的教学理念，其思想政治教育责任意识及育人水平定会得到不同程度的改善。在年度考核、职称评定和职务晋级等工作中，高校需要秉承公平公正的原则，将教师的思想政治教育工作成果视为重要参考因素，促进教师主动性的提高，主动投入到思想政治教育实践活动中。

此外，通过专门办事机构的增设，各育人主体之间的联系能够得到进一步加强，为协同育人机制的健康运行提供新的驱动力。专门的办事机构肩负着以下重任：一是实现对高校思想政治教育协同育人的统一领导；二是从多个角度出发，对高校思想政治教育协同育人工作进行全面负责，并注重顶层设计科学性的保持。该机构成员包括各高校的校党委书记、副校长，其职责是从全局角度出发，兼顾高校所处内外部环境以及高校间的内在逻辑关系，制定协同育人发展目标、育人内容、育人方法和协同育人机制运行效果所对应的评估条件，将机制调控方式、机制监督和完善等落实到位。以上工作的制定和执行，会为协同育人工作指明正确发展方向，对于那些偏离协同育人理念的行为进行纠正。高校应注重校际思想政治教育工作组的形成，该组的负责人多由各高校党委副书记担任，小组成员以各高校内的党委书记为主。对于思想政治教育校际协同育人工作组而言，需要兼顾以下工作：一是促进各高校间的联系；二是为各高校举办学术交流活动提供帮助；三是鼓励各高校负责人将协同育人理念及协作意识内化于心，为协同育人机制的创建和完善奠定基础。

高校内部应注重联动工作机制的形成，集结多方力量，比如学校党委办公室、党委宣传部、团委、后勤等。在实践工作中，高校应做到定期举办专题会议，将各部门之间的协作视为讨论重点，继而促进当前思想政治教育协同育人效果的提升。高校为促进高校外思想政治教育协同育人工作的有序推进，应基于现有资源增设与之相对应的组织机构，由其出面负责高校与家庭、高校与科研机构、高校与企业、高校与网络媒体等不同校外育人主体之间的沟通与合作事宜，通过对多种方式的综合应用，促进校内外教育工作的持续深入，将当前的思想政治教育理论及科研成果传递给校外育人主体，促进现有资源的共享，互通有无，实现优势互补。

简而言之，国内学者及教育从业者加大了对大学生思想政治教育机制的关注，与之有关的研究活动持续增多。机制是一个兼具隐性与复杂化特点的特殊系统，在分析和梳理思想政治教育教学规律，深究思想政治教育实践意义时发挥着重要作用。从辩证角度来看，机制建设活动并非十全十美。在高等教育改革中，"协同育人"是改革的亮点。协同育人中蕴含的合作、互动、分享等观念为高校解决与研究思想政治教育教学问题提供了新的思路。如果高校能够促进协同育人理念与思想政治教育机制的融合，一方面有助于大学生思想政治教育协同育人机制的形成，另一方面可促进该机制适用范围的扩展与实践意义的增强。

三、高校思想政治教育协同育人的实践机制

组建交叉学科群，为人才培养体系的确立奠定基础。从育人角度来看，课程协同融合具有不容小觑的重要性。当不同课程间能够实现同向同行，定有助于学生德智水平提升。各类课程应深挖自身包含的思想政治教育资源，并梳理两者之间的内在逻辑关联，将构筑课程协同育人体系视为己任。

（一）高校思想政治教育以跨学科协同育人为导向

经过了解发现，无论是专业课程、党课，还是思想政治理论课程均发挥着育人育德的作用，这一点是三者共性特征。三门课程具有"同向性"，它们的办学方向、政治追求趋于一致，对于马克思主义立场、观点及方式方法等均表示认同。三门课程具有"同行性"，其课程中均包含德育资源，兼具思想政治教育作用，只是各自的具体作用存在一定差距。首先，对思想政治教育协同育人而言，作为公共必修课的思想政治理论是主要育人渠道，在深究和宣扬马克思主义理论价值方面优势凸显。其次，通过各类专业课程的开展，学生的专业理论知识储备量和业务技能等均会得到加强。比如，通过学习经济学课程，面

对常见经济现象，学生能够进行正确解析。通过学习哲学社会科学课程，学生具有的人文素养能够得到大幅提升。最后，党课为我国执行党储备人才方案提供了可行路径。通过学习党的发展历史、路线、方针政策等，能够知悉党的先进性与实用性，学生的思想道德能够提升至新的高度。对各类课程进行分析，探究其特点，深挖潜藏于学科间的思想政治教育资源，能够助力协同目标实现。从理论角度来看，"专业思政""课程思政"均属于是全新教育理念，它不是将几门不同思政课程任意堆砌，而是从整体角度出发梳理其主要内容，深挖其中包括的德育内容，促进显性与隐性教育结合，有意识将价值观教育融入专业知识，继而达到"润物细无声"的教育效果。课程思政，专业思政的发展，有助于课程协同育人同心同德的体现。首先，一切课程均需要将助力大学生全面成长为己任。加大对课程内德育资源的协同整合力度，着重强调道德规范，在教师引领和鼓励下，促使学生拥有正确的社会主义核心价值观。其次，融合课程内容时应遵循规范性原则。这里的核心原则是始终接受马克思主义理论的指导，基于马克思主义理论对现有问题加以解析。

同时，注重科学性与开放性原则并行。一方面，尊重教育规律和学生身心特点，提倡灵活融合，促进内容科学适用性增加。另一方面，注重开放环境打造，将与时俱进的原则融入其中，做到因时而新，优化课程融合方式。最后，注重融合行为的全面实施。一是促进主动性体现，以事实为据，持续更新融合内容，并促进知识体系形成。借助新内容打破大学生固有认知，实现新思想、新观念的有效传递；二是促进针对性显现。深入解读学生个性和不同群体的追求及发展原则，为其提供个性化抑或是定制式内容服务，以便契合其内在所需。三是促进时效性彰显。在融合课程内容时，面对客观存在的公共性问题，通过相关举措的落实进行规避，并为学生解决问题提供正确思路。

针对加强"思政课程"与"课程思政"同向同行，可以从以下三个方面进行说明：

第一，深化协同育人的思想认识。高校应紧紧围绕立德树人这一根本任务开展各项工作，贯穿于教育教学的全过程，做到显性教育与隐性教育相统一，实现"全员育人、全过程育人、全方位育人"的"三全育人"。把握好"思政课程"与"课程思政"之间的辩证统一关系，"思政课程"是落实立德树人的关键课程，必须充分发挥思政课主渠道作用，"课程思政"是思想政治教育的重要载体和呈现形式，两者的核心问题都是在于培养好建设者和接班人的问题。避免专业教育和思政教育"两张皮"现象，统筹做好各学科专业、各类课程的"课程思政"建设，深入挖掘各类课程和教学方式中蕴含的思想政治教育资源，将"课程思政"元素融入课堂教学全过程，实现专业教育和思政教育的有机统一。思政课教师与专业课教师要沟通协作和交流，保持步调一致，在教学改革上要共同探索。

第二，强化顶层设计。顶层设计是思想政治工作的"总开关"，是推动思想政治工作沿着理想目标前进的导航。"课程思政"作为一项崭新的、复杂的系统工程，必须立足长远，对高等教育事业的发展全局进行整体规划和设计。各高校要设置考核和评价机制，将学院"课程思政"建设质量、内容、成效等工作情况纳入学院教学绩效考核指标体系，充分发挥学院、教研室和教学督导的作用，引导老师积极参与到"课程思政"建设中。开展"课程思政"示范学院、示范专业、示范课程和示范课堂的遴选建设工作，选择一批"课程思政"名师、教学团队，推广"课程思政"建设的经验和特色做法。多种形式实施教学，打造一批亮点突出、学生推崇、成效显著的"课程思政"示范课程和特色课程，由此形成"课程思政"示范课程建设的校、院、教研室三级联动、相互促进的"课程思政"建设体系和格局。

建立"课程思政"示范课程建设激励机制，增加投入，激发专业课教师参与"课程思政"的积极性。将教师参与"课程思政"示范课程建设情况纳入岗位聘用、职称评定、教学效果、评优评先中。在教学质量奖、教学优秀奖、教学名师、教材奖等奖励工作中，突出"课程思政"要求，加大对"课程思政"建设优秀成果的支持力度。

第三，建立健全教学改革评价体系。高校应坚持立德树人的根本标准与评价导向，形成规范性的文件，切实改变"重科研轻教学""重技能培养轻道德塑造"的评价取向。各学院要明确人才培养目标，修订完善人才培养方案，完善教学大纲，深入挖掘专业课中的思政元素，挖掘通用、特色的育人元素。专业课教师要注重发挥所任课程的思政育人功能，应结合学科性质和学生实际，深入挖掘本课程的思想政治教育元素，在知识传授、能力培养中，将弘扬社会主义核心价值观融入课堂教学，传播爱国爱党、积极向上的正能量，培养科学精神、工匠精神，将思想价值引领贯穿课程方案、教学计划、备课授课、教学评价等教育教学全过程。

"思政课程"与"课程思政"同向同行，教师对课堂教学的模式要进行创新，以学生发展为中心，推进现代信息技术在"课程思政"教学中的应用，创新教学内容，优化教学方法，在教学设计中发挥学生的主体作用，强化互动是"课程思政"教学创新的关键。在进行课堂教学设计中，灵活运用翻转课堂、云班课、问题式教学、竞赛式教学、微电影教学、线上线下双线教学等方式进行教学。通过调研、研讨、辩论和游览等实践性教学模式把思政知识学以致用，将停留在学生记忆中的知识转化为行为，达到知行合一的效果，不断提高学生获取知识的能力。将思政内容融入专业课的教学中，破解孤岛效应，让各种教学活动与思想政治教育同向同行，形成协同效应。

（二）高校思想政治教育搭建协同育人平台

近些年来，在互联网中涌现出诸多教育协同平台，不过并未成为社会舆论予以关注的焦点。平台协同育人借助系统手段将各要素融入协同活动，通过信息资源分享，抑制信息孤岛与潜在风险出现。此时，平台协同育人综合机制应注重自我存在价值的显现。首先，注重领导机制形成，始终坚持高校党委领导，加强顶层设计，实现对线上线下、课上课下联动活动的管理。在计算机支持的协同工作技术帮助下，完成学术研究交流平台的打造，建设教学策略交流平台等。应增多交流窗口，促进传统与新型教育方式的相互协作，尽可能丰富高校校园生活。该技术的应用，使优化校园文化建设成果成为可能，使图书馆、高校文化广场等公共场所能够得到充分应用。同时做到以文育人，集结力量，着手进行校园主题网站的建设，并赋予其思想性、服务性与知识性特点。

通过持续优化。实现平台协同，还需要坚守初心，努力抓住课堂这一渠道，结合社会实践活动，依托互联网，优化校园文化建设效果，赞颂真善美，贬斥假丑恶。

一言蔽之，高校思想政治教育协同育人需要从总体角度出发，对校内现有教育资源进行整合，协同一切教育力量，持续丰富教育渠道与教育方式，为思想政治教育协同育人创建可行路径，并注重综合机制形成，助力思想政治教育成果提升。

在思想政治教育协同育人机制中，如何促进保障机制作用发挥，加强对机制监管是当前阶段的重中之重。在这一环节中，一方面需要对机制进行适度调整，交换信息资源，另一方面应赋予机制更多稳定性与独立性特点。从理论角度来看，育人机制的总体设计环节是从最高层面出发对其进行统筹规划。

（三）高校思想政治教育协同育人的探索

伴随着时代变迁，思想政治教育辐射面与教育内容愈加丰富，能够实现全方位、全过程育人。在思想政治教育协同育人环节，各参与主体呈现出的素质、道德水平、奉献意识等会给其带来直接影响，同时这些因素又会影响参与主体主观性的发挥。这里的主观性是指教育态度及认知水准等，是参与主体联动的影响因素。主观性因素基于主体协同关系，对参与主体的内在动机（即自发性与序列性）进行考量，继而给其他联动因素带来影响。

出现在高校思想政治教育协同育人环节中的被动性因素即为外部因素。外部因素的作用机制与其所处社会发展背景、方针政策、科学技术等息息相关。从本质角度来看，协同机制的创建和完善是典型的社会实践类活动，这种事物具有一定存在价值，能够通过需求度得以呈现。进一步分析，假设需求量大，那么思想政治教育协同育人受到的积极影响就大，反之亦然。思想政治教育协同机制会受到社会发展水平的影响。从总体角度来看，在教育水平与社会发展之间存在正相关关联。

在科技水平实现突飞猛进的今天，思想政治教育并不过时，它的发展和演变与科学水平有着一定关联。就目前来看，以往的教学模式不再适用，有必要将科学技术引入其中。其实，思想政治教育协同育人机制同样会受到科技水平的影响。政策发布是指行政性政策、社会性政策的颁发与落实，此举能够引导思想政治教育协同育人机制明确发展方向，给宏观环境、经济性政策机制等提供参考抑或是保障。对于机制而言，其构筑、运行和完善等均需要以政策为导向，只有全面落实政策举措，机制才有可能实现稳健发展，步入良性循环。

高校思想政治教育协同育人机制的运行离不开组织保障。高校党委可以拉近各育人主体间的距离，加强彼此间的联系，促使思想政治教育协同育人机制运行。党委的统一领导能够实现对大方向的合理掌控。因此，需要坚定这一方针策略，对党委的存在价值予以肯定。从理论角度来说，对于高校党委而言，一方面需要牢牢把握领导权，另一方面需要明确高校办学方向，集结力量，让高校成为建设社会主义的重要推动力量。对于基层党组织而言，则需要积极发挥其带头作用，持续优化高校党组织建设，践行为人民服务的宗旨，增强自我能力，力求做到高效率、不浪费。对党员而言，应面对师生队伍，积极发动群众，加强管理，将党委的统一领导工作落实到位。

在高校中，属于思想政治教育职能部门的有校团委、宣传部、教务处、学工处、组织部等。以上部门的职责是管理学生和处理学生事务，肩负着组织实践活动，拓展学生学习途径的重任。在思想政治教育协同育人机制中，以上部门应加强联系，做到齐心协力，主动参与到机制创建和完善工作中，最终促进齐抓共管协同效益形成。

同时，应注重多样化校园文化活动举办，开展实践互促。此外，高校学工处与就业部的日常教育管理工作还包括资助贫困生、为应届毕业生提供就业指导等，兼具指导性与保障性。此类组织的形成能够丰富育人信息交流平台。搭建好的平台，不仅为各教育主体互联互通提供重要途径，且有助于彼此平等对话，促使高校、家庭、社会步入自由交流状态中。关键之处，又能够激发校外育人主体参与热情，为其了解育人机制运作现状提供方便，加强校内外育人主体联系，实现双向沟通，做到优势互补。

总之，由现存高校思想政治教育协同育人路径研究结果可知，高校思想政治协同育人是各要素全方位的协同。高校思想政治教育协同育人的实现并非易事，需要满足以下前提条件：思想统一、顶层设计、制度体系确立、育人环境构筑。基于以上条件，我们可以结合高校思想政治教育协同育人目标探索实施路径。一是主体角色赋能，梳理全体关系；二是促进部门特殊职能体现，促进通力关系形成；三是深挖课程共性特性，努力实现课程思政；四是凸显平台个性，做到裁长补短；五是基于各要素协同关系，助力综合机制创建，发挥人员、部门、课程、平台的作用。高校思想政治教育协同育人目标的实现并非一朝一夕，无法做到一蹴而就，这是一个循序渐进的持续性发展过程，需要在具体的教学实践中结合具体的实践过程，做到持续实践、探索，最终实现发展。在探索环节，高校有必要将思想政治教育协同育人视为人才培养理念及手段，对学生的思想行为进行全方位指导．塑造其健康人格，促使学生实现全面成长。由此可知，高校思想政治教育协同育人是思想政治教育必不可少的重要举措，其存在价值和实践意义不容小觑，相信在未来将会受到党中央和诸多学者的高度关注，从而实现创新性发展。

第五章　协同育人模式下高校
思想政治教育工作

本章为协同育人模式下高校思想政治教育工作，分别从四个方面进行阐述，依次是协同育人模式下高校思想政治教育工作取得的成就、协同育人模式下高校思想政治教育工作存在的问题、协同育人模式下高校思想政治教育工作问题的原因分析、协同育人模式下推进高校思想政治教育工作的路径。

第一节　协同育人模式下高校思想政治教育工作取得的成就

在这些年的发展中，高校思想政治教育工作受到了党中央的高度关注。在这一背景下，各大高校也纷纷将做好对学生的思想政治教育工作放在突出地位，高校思想政治教育协同育人机制初步实现。不过，该机制发展中，依然存在着诸多不完善的地方，在发展中存在诸多不足。所以，我们应该分析协同育人出现不足的影响因素，顺利推进协同育人机制。高校思想政治教育协同育人理念向前推进过程中，初步形成了高校思想政治协同育人机制。

一、理念初步形成："三全育人"得到贯彻

2004 年，中央 16 号文件对主渠道教育的重要性进行了特别强调；2006 年，时任教育部部长的周济同志也表示，思想政治教育理论课作为主渠道，和日常思想政治这个主阵地之间有着相辅相成的关系，两者共同构成了大学生思想政

治教育的主要内容。^①时至今日，这两者的重要性在时间的推移中得到了验证，协同育人工作也成为高校当前的重点工作。党中央对此也有较多的关注，先后颁布了多项政策，为协同育人工作的未来发展指明了方向，2015 年，在《普通高校思想政治理论课建设体系创新计划》中指出应该"坚持课堂教学与日常教育相结合，积极拓展思想理论教育渠道"^②；2017 年在《关于加强和改进新形势下高校思想政治工作的意见》中提到，"应该创造条件推动理论教育和实践活动的有机融合"；2020 年教育部专门针对高校思想政治教育颁布了一项指导纲领，指出"高校应该调动一切资源和力量做好协同育人工作，积极承担相应的责任，实现专业课程和思政课程的有机融合，在高校打造一种协同效应，构架良好的育人格局"。^③这些政策的颁布极大地推动了协同育人工作的开展，也为实现主渠道和主阵地的协同打下了牢固的基础。

（一）全方位育人

思想政治教育协同育人作为统一整体，其中涉及诸多不同的要素。实现育人目标需要从不同方面有序推进，最大限度地发挥各种要素的协同优势，创设积极高效的育人氛围。

1. 教书与育人协同

教学与育人协同，就是要将思想政治教育具体化，比如说利用思想政治学科课程开展感化教育，实现传道授业解惑的价值。教师应采用引导式教学，激发学生的主人翁意识，提高学生对于知识的探索欲。同时，要善于利用现代化技术，结合微信公众号、微博等自媒体平台，使思想政治教育工作更贴近学生的生活，提高育人效果。在教学内容规划上，应结合思想政治教育理念，使专业课程与育人工作完美融合，一方面提高学生的知识涵养，另一方面要培养学生树立正确的人生观、价值观，发挥同感同化的作用。

---

① 周济.切实推进高校辅导员队伍建设为加强大学生思想政治教育提供坚强的组织保证自 [R].
　在全国高校辅导员队伍建设工作会议上的报告（提纲），2006-04-27.
② 中央宣传部，教育部.普通高校思想政治理论课建设体系创新计划 [EB/0L]，[2015-07-30].
③ 教育部.高等学校课程思政建设指导纲要 [EB/OL].[2020-06-01].

2. 课堂教育与学校管理协同

就目前而言，课堂教育是各大高校最普遍的教学模式，这是学生汲取理论知识的重要途径。高校应在教学科研内容创新的基础上，注重学习环境管理，形成良好的学风学纪，借助校园文化感染人、造就人，保证学生正能量满满，为全方位协同育人创造良好条件。

高校除了要借助新媒体的力量外，还应结合自身资源，满足学生诉求，多组织同学们感兴趣的文体活动，让学生能够一展所长。同时，校方要设身处地，注重人文关怀，加强师生交流，为学生们排忧解难。不论课堂内外，都能保障个性与共性的协调统一，在管理上要威严谨慎，在思想上要跳跃生动，做到"上下有度，刚柔相济"，使课堂教育与学校管理协同发展，保障育人效果事半功倍。

3. 学校教育与自我教育协同

保障育人环境，提高教学质量，实现学校教育和自我教育互相促进、互相影响这是全方位育人的关键所在。高校应加强校风、学风、教风建设，采用合理措施，鼓励学生积极参与到校园文化建设中来。可以通过优秀寝室、优秀班集体等荣誉称号，加大校园文化宣传力度，为学生们打造健康、舒适的学习环境。同时，还可以通过网络信息技术，完善校园网、论坛等，使学生对大学生活有更积极的理解与感悟，以便树立正确的社会主义核心价值观，培养学生对于是非曲直的判别能力，提高抵抗网络垃圾信息腐蚀的能力。通过学校教育传递正能量，为在迷茫中徘徊的羔羊点亮一盏明灯，引导其进行自我教育。

4. 继承传统与改进创新协同

协同教育的改革创新，离不开载体的支撑。在教学改革不断完善的过程中，高校应结合自身具体情况，利用一切可利用资源，在保障课堂教学质量的基础上，致力于第二课堂的拓展，引入德育教学理念，实现理论知识与实践能力的完美融合。高校教育工作者可以利用微信、微博等大众平台，实时了解学生的心理状态，尤其是对于贫困生等弱势群体，应给予更多关注，以便帮助其解决生活、学习以及心理上的问题。

传统继承与改革创新是对立统一的，二者既相互独立，却又相得益彰。对于传统教学，我们不能完全摒弃，而是要以辩证的眼光看问题，去粗取精，相互借鉴，在汲取成功经验的基础上，进行改进创新。高校要以学生发展为根本，坚持走"立德树人"的道路。同时，还要不拘泥于形式，探索可行性强、有效性高的育人模式，在新形势的背景环境下，实现思想政治教育全方位协同育人，为社会源源不断地输送可造之才。

5. 思想政治教育与社会实践教育协同

社会实践是思想政治教育的第二课堂，可以这样说，社会实践不仅是思想政治教育的折射，同时也是更进一步的深化。高校的思想政治教育能够让学生形成正确的三观，而社会实践则是学生自身技能升华，提高与人沟通以及处理问题能力的试金石。高校教育工作者，应在提高学生思想政治品德的基础上，注重学生心理素质建设，加强他们的动手能力。面对就业形势压力，只有阳光自信、勇于拼搏的人才能在芸芸众生中崭露头角。因此，思想政治教育与社会实践教育的协同发展，是高校实现全方位协同育人的重要组成部分，应对其给予高度重视。

6. 解决思想问题与解决实际问题协同

高校教学的根本目的就是要引导学生树立正确的社会价值观，培养学生实际处理问题的能力，因此，思想政治教育与解决实际问题的协同显得尤为重要。高校育人不仅要引导学生有一个积极乐观的学习心态，还要加强社会主义核心价值体系的传承与弘扬，教育工作者要将教育与服务有机结合，注重培养学生遇事冷静、勇于拼搏的精神。发挥导师的引导地位，想学生所想，急学生所急，成为学生人生成长道路上的良师益友。

（二）全过程育人

高校思想政治教育协同育人的形成并不是在短时间内就能够形成的，而是需要历经一个发展过程。协同育人理念应该在学生成长的各个阶段始终存在，推进思想政治教育工作有序向前推进。

大学教育的"第一粒扣子"就是大学一年级的新生入学教育。从遵循思想政治教育规律、遵循教书育人规律、遵循学生成长规律要求的宏观教育过程来看，大学"全过程育人"主要有新生入学教育和基础教育、专业基础教育和专业教育、就业择业教育和创业创新教育三大阶段。每一个阶段都有其不同的成长特点,因而工作的重心自然就不同。思政课教学基本上是在第一个阶段,主要是为大学生科学世界观、人生观和价值观的形成奠定基础,相当于是帮助学生"扣好人生的第一粒扣子"。专业基础教育和专业教育主要是专业教师和辅导员起主要作用,由于他们与学生接触多,给学生的印象也深,因而专业教师和辅导员的敬业精神与工作态度对学生职业道德的培育起着相当大的引领作用。大学期间的第三个阶段虽然时间不长,但对于学生走向社会、适应社会有很大的帮助,这个阶段辅导员和就业创业指导教师对学生的影响大,如果引领得好,对学生未来的发展则有重要作用。一个大学生的成长就像一棵小小的树苗长大成材一样,成长过程的每个关键时期都要把握好,否则树苗就可能变形长成"歪才"。

(三)全员育人

全员育人是指由学校、家庭、社会、学生组成的"四维一体"的育人机制,学校成员包括辅导员、班主任、党政管理干部、思政课教师和专业教师以及后勤服务人员。全过程育人是指学校对学生的培育特别是思想道德教育要贯穿于学生进校到毕业的全过程。全方位育人是指学校对学生的立德树人工作要渗透到各个方面和各个层面,其中,思政课是主渠道,日常思想政治教育是重要渠道,专业教学也要渗透立德树人的教育。

关于"全员、全过程、全方位育人"理论,学界早在 20 世纪 80 年代就有了这样的提法,其出台背景是当时很多人包括学校内部与社会上的一些人都存在把德育与智育分离的思想,认为德育是辅导员和思政课教师的事,专业课教师不用管德育。但在实际工作中却发现,德育与专业学习和日常生活是不可分离的,一个学生的成才是方方面面形成的合力影响的结果。凡是德育工作渗透在方方面面的,其育人效果一定比较好,反之,其育人效果就可能出现问题。特别是 1989 年我国部分高校出现的学潮再次证明了育人必须全员、全过程、全方位实施。正是在这样的背景下,"三全"育人理论出现了,其实质是强调立德树人工作是一项无处不在、无处不渗透、无处不间断、学校所有员工都要尽责任的工作，是一项贯穿于育人的纵向领域与横向领域的工作。

高校思想政治教育协同育人开展过程中，多元主体为有效参与者。协同育人建设期间，要求多元主体增强自身思想道德理念，积极主动地融入协同中来。各大高校还应该顺利推进协同育人理念的实施，结合高校发展实际，创造性地推出不同的思想政治教育协同育人模式。比如，首都师范大学推出"1144"模式；长春师范大学推出"1233"协同育人模式等。总之，不同高校协同育人模式的探索给其他高校思想政治教育协同育人路径探索提供了有效的参考与借鉴，有助于各高校更好地做好人才培养工作。

二、途径初步构建："大思政"格局形成

高等教育的根本出发点和落脚点就是培养什么样的人，怎样培养人。大学生三观尚未真正形成，对其进行正确的价值引领，使其人生奋斗方向与国家发展的需求一致，是思想政治教育的主要任务。作为主要的育人主体，辅导员与思政课教师虽然工作内容和方式有差异，但二者的工作目标是同向的，都是加强大学生的思想政治教育，因此，实现二者的协同育人可以有效推动高校大思政格局的构建。二者通过多种方式的协同育人，无论是理论层面还是实践层面，必将会产生一些可行的成果，这些成果里面包含思政育人的经验，可以为思政学科以外的其他学科"课程思政"提供指导和借鉴，这样就会实现显性与隐性思政资源的融合，让思想政治理论课、专业课与日常的思想政治教育内容形成协同合力，在学科上、功能上相互补充，构建大思政格局。

2017年5月13至14日，为了更好地完成高校思想政治教育工作，来自全国各大高校的代表齐集杭州市，召开了一场名为"新形势下高校思想政治工作与思想政治理论课创新"的学术研讨会，这次研讨会设有两个议题，一是如何在新形势下开展高校思想政治教育工作；二是如何进行教育创新。在这次研讨会上各位学者指出，应该在新的历史时期跟上国家的思想政治部署步伐，以马克思主义为指导，以创新思维积极推动思想政治教育改革，构建更具科学性的育人格局。推动理论界和学术界积极开展研讨工作，创造一切条件推动高校

思想政治教育工作顺利开展。[①]

2017 年 9 月，成都大学围绕高校协同育人工作开展召开了一场别开生面的研讨会，以清华大学、北京科技大学为代表的几十所高校学者莅临了这次学术会，与会者讨论了如何打造更为完善的协同育人机制，实现思想政治理论课和日常教学的有机统一，学者们还将自己的教学经验和体会在会上进行了分享。这些研讨会的主题是为了更好地推进协同育人工作的开展，积极实现理论和实践的有机融合。除此之外，各大高校也纷纷召开了相关类型的研讨会和交流会。由此得知，学术界已经认同了主渠道和主阵地协同育人的重要性，在未来的发展过程中，以此为重心的研究和探索还将继续。

协同育人理念向前发展过程中，高校也初步建立起了相应的思想政治教育协同育人渠道，并日益促进了"大思政"模式的产生。从高校发展层面来看，"大思政"具体表现为能够联合各种力量来全力做好学生思想政治教育。以上海高校为例，当地高校目前形成了多元化的"大思政"发展格局，从市政府到各高校均致力于做好教育改革工作，增加思想政治影响力，在教育教学各个过程中深入贯彻落实习近平新时代中国特色社会主义思想，引导学生能够科学合理地应用马克思主义理论来分析并解决问题。此外，在专业课教学期间，高校还不同程度融入有关思想政治课程内容，例如，上海财经大学推出的"爱情心理密码"课程、"生活中的经济学"课程等。整体来讲，经过这些年的发展，目前已经初步构建了课程、人员、平台等元素在内的协同育人体系，极大地丰富优化了高校思想政治教育有关内容，有助于增强全员参与热情，做好教育教学模式的创新发展。这样，"大思政"局面会随之不断向前推进。

三、实效性初步彰显：理想信念得到强化

2018 年 5 月，"三全育人"试点工作启动，共计分为三个类型：第一，设立综合改革试点区，从省级层面进行统筹工作，打造长效管理机制，建立完

---

① "新形势下高校思想政治工作与思想政治理论课创新"学术研讨会在杭州召开 [EB/OL].
  [2017-05-24].

善的育人体系，将学校、社会和家庭都囊括进来，完成宏观部署工作；第二，在高校进行改革试点工作，打造健全的"十大育人体系"，落实协同育人体系建设；第三，从院系层面入手对育人元素进行挖掘，寻找育人逻辑，建立科学的院系育人体系，开展微观管理工作。当年 10 月，全国五个省区、十所大学、五十个二级院系正式开启了"三全育人"改革试点工作。在这项工作启动的同时，教育部立即进行了第二批试点的部署，想要参与的省市高校可以自行报名，[①] 通过这样的安排，育人工作开始在全国范围的高校中展开。从本质上讲，要想打造一体化育人模式，最根本的方式就是实现主渠道和主阵地的有机融合，在"三全育人"的基础上进行试点，突出协同育人在各大高校中的教育意义，当与之相关的基地建设工作同步展开时，高校协同育人工作的开展也将会更加顺利。

第一，多元主体初步形成协同意识，有效激发了发育人主体的社会性及主体性理念，提升了人们的思想道德素养。通过对比分析高校大学生理想信念情况，我们能够发现理念信念呈现上升状态的学生群体超过八成。主要体现在：学生思维观念更为科学积极，开始关注社会热点问题；大学生不断增强自我意识，具有活跃的思维，提升自我教育能力水平。在社会主义现代化发展进程中，大学生理想信念水平进一步提升，他们为了能够实现中华民族伟大复兴而不断努力。

第二，净化平台环境。这些年发展中，出现了越来越多与理想信念教育有关的网络端口，比如我们熟知的"学习强国"平台等。同时，学生也能够综合借助贴吧、APP 等各种方式进行理论学习，增强自己的理想信念。所以说，高校思想政治教育协同育人实效性得以凸显，有助于进一步做好新时代专业合格人才的培养，助力社会主义现代化建设发展。

第二节 协同育人模式下高校思想政治教育工作存在的问题

从宏观上看，高校思想政治教育具有很强的系统性，所以高校师生需要充分发挥协同作用，加强合作、优势互补，通过自我组织提升教育水平。不过，

---

① 教育部. 高等学校课程思政建设指导纲要 [EB/OL]. [2020-06-01].

因为受到各种传统因素的影响，我国思想政治教育工作的缺点也比较明显：一是专业分工太过清晰；二是科层组织相对僵化；三是各部门职责明确，却不重视整体工作推进；四是育人主体只关注自己的工作，没有协同配合意识，也不能积极有效地配合集体工作。这就使得教育主体长期以来一直各自为政，所以思想政治教育质量也就很难得到提升。

一、协同育人理念缺乏

高校引入协同创新理论，完善思想政治教育，但是由于教职人员对于协同创新理论了解不够深入，所以在实施过程中，就容易出现偏差。学校相关部门以及教师学生管理部门在政治教育方面参与程度较低，导致多部门协同育人工作难以有效地开展。另外，全员育人难以持续，通过调查发现，高校思想政治教育检查工作较多，但是教师一般采用应付的方式应对检查工作，出现这种情况与教师对政治教育的观念有直接的联系。除此之外，在全方位育人方面表现不理想，由于大众对政治思想教育的认识不足，所以高校很难在思想政治教育方面形成全局的协同育人格局。

协同育人理念缺失就会导致课堂教学落实不到位。课堂教学是课程思政的主阵地。在课堂教学中，课程思政的思政教学仍存在诸多问题。一是专业课教师只教授专业知识与技能，没有价值引领，没有融入思政元素。二是虽然在教学中增加了思政内容，但只是强行拼凑的机械叠加，导致专业知识授课时间减少，导致专业教学受影响。在教授知识和技能的同时本应加入思想政治教育内容，但如果牵强附会，无限制占用专业课程时间，把专业课上出了思政的味道，出现思政内容"越位""错位""抢位"现象，那就起不到隐性教育的作用，又削弱了专业教学。三是虽然在专业课堂上加入了思政元素，但没有针对性，没有感染力，只是教师单方向的输出，学生没有反应，育人效果大打折扣。

另外，受行政部门调整等各方面的影响，高校在沟通机制方面存在较大的缺失，高校思想政治教学部门、学生管理等部门进行工作时，缺乏有效的沟通协调，导致可利用的人动力不足，这样便会严重地影响到政治思想教育工作的实践效果。评价机制缺乏合理性，同时高校对思政教学并没有形成统一的评价标准，所以在实践过程中，很难正确地评判思政教学工作，从而在很大程度上降低了师生参与思想政治活动时的积极性。学校在开展协同创新活动时，并没有注重奖惩机制的构建，为了顺利地推进一个项目，需要设立奖惩机制，通过分明的奖惩制度能在很大程度上提升教育效果，但是由于学校并没有构建奖惩机制，所以导致实践各项政治教育活动时，难以调动起师生对活动的兴趣。

二、协同育人认识存在误区

随着时代的发展，现代教育工作将更多的关注点放在调整教育理念上。从最近几年的发展来看，在明确了"立德树人"目标之后，教育部门开始对其重要性有所认识，不过同样需要注意的是，现实教育工作中依然存在很多有关协同育人的误区，需要及时加以更正。

（一）认为育人是"一家之事"

协同育人工作非常庞杂，其中涉及很多需要整合与配置的资源与力量。虽然在这个过程中，高校的主导作用不容忽视，不过仅仅依靠高校也是无法完成的，同时需要重视家庭和社会在其中的作用。以此类推，大学生思想政治教育的具体执行者主要是思政课教师和辅导员，但是高校的其他部门和岗位也一样要承担育人责任。现阶段，来自理念方面的认知误区主要涉及三个方面。

第一，认为学校需要承担教育育人的全部责任。因为协同育人的实施场所是在大学之中，而教师需要为学生传道解惑，所以不管是家长还是学生都想当然地认为，高校就是这项工作的唯一责任主体，家长只要把学生交给学校就行了。来自学生处的一位教师提道："如果学生存在某些心理问题，其实和他们的原生家庭脱不了关系。如果家庭出现变故，那么孩子的言行必然会受到影响，可是遗憾的是，大部分家长意识不到这个问题。当孩子进入大学之后，他们就自然而然地认为今后教育孩子就是学校的责任，自己只要负责给学费和生活费就可以了。如果孩子出现问题，他们就会向学校问责。"

第二，认为开展协同教育主要由思想政治工作部门来负主要责任。有位曾经担任过辅导员的老师提道："我现在就职于技术岗位，主要是检测学校各个实验室的样本，所以基本上不和学生打交道，也很少参与到协同育人工作当中。其实高校的后勤部门和行政岗基本也比较漠视这项工作。不过我知道，立德树人是一个全校都要广泛参与的工作，不能仅仅依靠思政课老师或是辅导员"。不管是哪个岗位，育人工作都不能放松，只有各方面教育力量携起手来，才能在学校内打造全方位的育人格局。

第三，认为开展思政工作的主体集中在思政课教师和辅导员身上。现阶段的高校中，全员育人已经成为普遍的认知，不过虽然如此，有些老师还是认为这件事和自己关系不大。他们认为自己在协同育人中可以说是可有可无，只要思政课老师和辅导员做好工作就可以了。有位学生说："有关我们思想方面的问题，只有思政课老师和辅导员会进行教育，另外导师也会过问一二。"需要认识到的是，大学生思想政治教育工作是一个综合性工作，需要全部的教育力量都参与进来，只有教师提升认知，改变以往的教育理念，才能在学校内部打造良好的教育格局，家庭和社会的教育作用也才能顺利发挥出来。总体而言，需要实现家庭和学校的有机融合，积极配置教育资源，实现思想政治教育队伍和其他教育力量的通力合作，对校园实行全面覆盖，才能有效克服思想政治教育工作的局限性，达到理想的教育效果。

（二）将协同等同于工作"做加法"

有关思想政治教育的协同育人，其实和专业教育之间有着本质的区别，如果能够将主渠道和主阵地累加起来，那么两者所发挥的能量要比单一渠道大很多。这里提到的"累加"更多的是一种创新与发展，属于理念上的革新与升华。现阶段，有些高校为了提升工作业绩，把协同育人当成一个什么都能装进去的"筐"，工作方法一大堆，但是整个协同育人工作却搞得似是而非。学校这种做法没有抓住协同育人的本质，只是将更多的精力消耗在细枝末节上。

虽然提升了协同成本，但是工作效率却极为低下，形式大于内容。在这次访谈中有一个问题："您认为哪些因素会对协同育人工作产生主要影响？"在回答这个问题时，有些辅导员也将心中的疑惑表达出来："作为辅导员，我们负责的行政性事务非常多，比如处理党团关系、搞文体活动、提供就业辅导等，这些工作其实也涉及协同的部分内容，假如协同的存在不能减轻我们的负担，而是增加了我们的工作量，那我们怎么会支持呢？"所以我们需要了解到，协同固然需要将很多工作叠加在一起，不过实现主渠道和主阵地的融合和统一则不是做加法那么简单，这是一个互为补充、相互支持、资源优化配置的过程。

当前新的历史时期，协同育人要以科学理念为指引，切实做到全方位覆盖，帮助学生提升综合素质，既提升学生的专业能力，又能更好地兼顾他们的实际诉求。实现主渠道和主阵地的相互融合，体现的是理论联系实践的教学原理，也能够借此积极提升教学质量。学校应以创新的方法和理念积极解决协同育人过程中存在的各种问题。首先，高校应该做加法的时候做加法，该做减法的时候做减法；消除合作瓶颈，提升合作效率；减少不必要的内耗，增加优势互补；减少教学的单一性和形式化，增强教师的育人责任。其次，高校要实现"加法"到"乘法"的转变。把主渠道和主阵地联系在一起，是强势互补的重要形式，可以达到共赢的效果，具体到大学教育中，可以让教育的目的性更强，能够将各种教育资源都集中起来，充分发挥出教育资源的优势与合力，这样协同育人就能够呈现出比"加法"更加明显的"乘法"效果。

（三）把协同育人当作免责的"安全区"

有些高校教师在对待思想政治教育工作时也认识不清，甚至是走入误区。在他们看来，这项工作并没有严格的制度进行束缚，自己将规定好的任务完成就行。至于在履行协同育人义务的问题上，这既不是自己的职责，也不属于自己的业绩范围，所以做不做都无所谓。其实在很多高校中，教师对育人工作比较轻视，而是将更多的精力放在教书上，这种"懒政"现象在大学中并不少见。对很多教师来说，他们认为思想政治教育工作本来就是思政课老师的工作职责，其他老师和这件事并没有关系。

学科教学在育人方面也是非常重要的渠道，学科考试并不能只关注教书，而忽视了育人工作。有位专业的思政课老教师在接受采访时说过："虽然学校现在对课程思政比较重视，不过有些专业课老师其实并不以为然，他们觉得思政课并不是他们的教学任务，又挤占了原本就不充裕的专业课时间，学生的压力也会因此而增大，对完成教学任务来说是一种时间上的浪费。"之所以会出现这种认知，主要是因为这些老师没有从根本上认识到课程思政的重要性，也没有理解协同育人的深刻内涵。在日常生活中，教师会认为"问题学生"是辅导员需要来面对和负责的，所以他们对学生产生的不良情绪和不当举动置之不理，就算有时候学生主动找到老师，老师也是将其推给辅导员。一位负责学生工作的副书记在访谈中提道："如果在考试中出现了作弊的学生，那么后续的工作就由辅导员来完成，任课老师通常都不会参与处理过程，顶多是将当时的情况反映一下。"

育人是一项综合性工作，不仅是辅导员，每个任课老师都负有不可推卸的责任。如果任课老师弱化了自身的责任，那么思想政治教育协同育人工作的推进就会更加困难，育人效果也难以保证。正是因为育人责任不够明确，所以学生出现问题也得不到妥善的处理，可能原本很简单的问题会演变得极为复杂，最终受伤的就是学生。我们都承认，教书不易，育人更难。不过教师在做好教书工作之余，还是应该在育人工作中发挥自己的作用。只有每个老师都认识到这份责任，实现教书与育人的相互融合，学校的协同育人政策才能落到实处，立德树人的目标才能顺利达成。

三、顶层设计层面整体性构思不足

所谓顶层设计通常情况下都是立足全局，对工程中所涉及的各个环节以及多重元素进行通盘考虑，最终高屋建瓴地制定出行之有效的解决方案，这也能为后续开展思想政治教育协同育人工作打下牢固的基础。"'十大'育人体系涵盖了高校课内与课外、教学与科研、理论与实践、管理与服务、线上与线下等涉及学生成长与生活的方方面面"，[①] 高校需要从学生的实际情况出发，重视顶层设计工作，以推动学生全面发展为宗旨和目标，在全校范围内打造完善

---

① 张正光.构建高校思想政治工作"十大"育人体系的有效路径 [J].高校辅导员学刊，
  2018，10（04）：1-4+9.

的思想政治教育机制，在真正意义上让思想政治教育的作用发挥出来，让其产生实效。

从实际情况来看，我国高校的育人主体其思想意识水平并不高，不能满足当下教育工作的实际需要。比如，学工部、宣传部和马克思主义学院属于平级，各有自己的工作职责，不存在谁领导谁的问题，所以在开展活动时，相互之间不能密切配合，顶层设计不够健全，整体思维也比较缺乏。如果在分析的过程中引入系统产生协同效益的理论就可以发现，增加教育主体之间的互动性和配合性，推进思想政治教育工作也就会更加顺利。不过因为存在边界约束，所以不管是系统内部还是外部各个要素之间都会存在相互的关系，也会因此而产生不同的影响。

现阶段，我国高校大学生可以通过多种渠道接受思想政治教育，正是因为接收方式多样化，他们的思维选择也跟之前有着千差万别。这就更要求加强教育主体之间的协同性，加强各部门之间的配合，形成教育合力，才能更好地教书育人。不过，我国高校在开展思想政治教育方面依旧主要从两个方面着手：一是以思政课为主的课堂教学；二是日常课外辅导，两者之间没有紧密的联系与配合。思政课老师多是按照传统方式进行备课与考试，他们只是按部就班地做好自己的工作，并没有想过需要和辅导员相互配合。然而，很多高校辅导员的事务性工作也是非常杂的，再加上他们在教学方面没有专业基础，所以进行日常辅导的动力和意愿都不强。

高校教育体系中，并没有针对协同育人机制进行宏观性设计。高校领导应该积极转变思维，认真思考如何实现协同育人和思想政治教育工作的有机结合，让各方面的资源可以实现优化配置，实现要素之间的协同配合，真正意义上实现时时、处处、人人育人，稳步提升思想政治教育质量。在各大高校中，每个部门在思想政治教育工作中都有自己的职责和任务，所以大家都把更多的精力放在自己的工作当中，很难实现部门和岗位之间的相互配合，也不能形成相互融合的统一整体。

四、高校课程思政协同体系构建存在障碍

目前高校教育领域对高校课程思政协同育人体系的概念以及其目标已经有了明确的认知，多所高校已经对课程思政协同育人体系展开了进一步的探索以及实践，但是在实际的高校课程思政实践工作展开过程中，仍旧存在一些问题。

（一）教师自身理想信念方面

一些担任高校课程思政协同育人教学工作的教师自身对课程思政理念的信念不足，对课程教学方式认知也存在误区，在教学工作展开的过程中，教师的教学方式存在误区，学生接受教育过程中所遇到的问题并不能够得到有效解答。信息化背景下，学生思维观念容易受到外界信息的影响，出现不良思想，而高校思政课堂教师所采取的教学方式无法让学生产生思政学习的兴趣，思政课堂自然无法产生其应有的教学效果。

（二）教学改革方面

课程思政协同育人体系的教学改革力度不足，在课程思政协同育人体系展开过程中，教师对教学方式的创新力度不足，只是通过单一的教学方案提升思政课堂的教学质量，并未将更多的实践内容融入课程思政教学工作中，课程思政教学方式仍旧处于单一、形式化、理论与社会实践联系不足的状态中，思政课程无法产生应有效用。

（三）思政课程与其他课程的协同方面

思政课程与其他课程存在脱节，早期高校思政教育较为重视内部工作的细化性，在教学工作展开过程中，针对不同的教学内容制定详细的教学目标，但是教学工作过于细化也会导致不同教师之间缺乏联系，部门与部门之间并未形成有效沟通，高校教师管理机制对教师所产生的约束性也不足，思政课程与其他课程并未产生联系，在实际的思政课程教育工作中也存在教学目标无法实现，

存在教学过程较为随意等问题。

五、协同育人制度保障碎片化

（一）经费投入有限

高校思想政治教育工作开展过程中，即便国家及学校对其有专项经费扶持，与高校用在管理层面、教学层面上的经费支出比起来，一些学校用于做好学生思想政治教育方面相关经费支出普遍较低。再有，这些经费也不能专款专用，还要从中抽取一部分当成奖学金或是给教师发放奖金。在这样的情况下，可以用到思想政治教育工作方面的资金更是捉襟见肘。

（二）制度不够完善

高校思想政治教育规划不完善，相关制度不健全。许多高校在这方面只是敷衍，形式大于内容。鉴于这种情况，我们需要慎重考虑系统本身的合理性和可操作性。此外，一些高校制定的规章制度与实际情况不符，不能真正指导实践。决策者无法准确预测形势，最终规定无法指导实际情况，甚至打乱原有有序的工作秩序，适得其反。

与其他社会组织不同，高校思想政治教育的主体是多元的，不同主体之间差异不小，独立性强。但是，应当指出，不同的主体也需要相互合作和协调。总的来说，要在高校内部形成一个共生共荣的发展体系，让教育主体之间可以同向同行、目标一致。

第一，教育主体要端正思想认识，以社区理念指导工作。从社会关系理论的角度来看，个体存在于各种社会关系中，个体价值的实现也依赖于各种社会网络和关系。在个体意识到意义之前，社区的意义首先被意识到，这种顺序是不可颠倒的。因此，高等教育主体在坚持其独立性之前，需要认识到自己与他人是一个整体，需要在高等教育中发挥积极作用。

第二，教育主体之间的边界具有模糊性和灵活性。在高校中，教育主体之间的关系可以概括为"自主—依赖"，这在师生之间表现得尤为明显。因此，主体需要对自身有明确的定位和认识，把握其双重角色：在教育过程中，教师是教育的实施者，学生是教育的接受者；在日常管理中，主管管理的领导是管理的发起人，而教师和辅导员此时处于被动地位。从这个角度来看，教师与辅导员之间的关系可以说是模糊而灵活的。因此，他们应该在日常教育工作中相互合作，协同育人。

第三，合作价值的实现是一个动态的过程。高校思想政治教育的主要目的是为了更好地实现"立德树人"的目标。要实现这一目标，必须认清学生的实际情况，把握学生思想变化的动态过程。在教育过程中，学校要不断实现资源整合，积极协调矛盾。这不仅是当前教育主体多元化的体现，也是对传统教育体制的突破和创新，体现了同心同向的价值观，是一个丰富和完善共同体概念的系统过程。

第三节　协同育人模式下高校思想政治教育
工作问题的原因分析

高校在打造思想政治教育协同育人机制方面并不是尽善尽美的，其中存在的问题非常多样化，应该对此予以足够重视，针对存在的问题要进行深层次挖掘。唯有如此，该机制的运行才能更加完备与健全。

一、高校对协同育人及机制重要性的认识方面

高校要针对大学生开展思想政治教育工作，就必须和整个社会大环境紧密结合起来，因为这项工作的创新与实现与宏观环境有着密不可分的关系。

从当前的实际情况来看，主渠道和主阵地之间之所以不能实现良好协同，主要就是因为受到了部分客观因素的影响，人们的价值理念不能达成一致，所以使得当前的协同理念不够科学合理。

第一，市场经济中的消极因素对高校教育产生了不良影响。在我国改革开放政策的影响下，市场经济获得了长足的发展，而经济发展也在很大程度上对政治、社会和文化产生了影响，高校也不可避免地受到了冲击。其一，在市场经济发展的过程中，人们的价值理念较之前变化很大，开始更多地关注到个人

利益的得失。在高校中也不例外，不管是教师还是学生在工作和学习中都是以利益为导向，所以急功近利情况比较严重。在这样的情况下高校想要开展协同育人并不容易。其二，市场经济的多元化发展使得社会信息更加开放，在接收到更多信息之后，有些大学生的价值理念也会随之发生改变，他们中的一些人会受到拜金主义、享乐主义的影响，这其实是对纯洁大学氛围的一种污染。所以，高校如果还是按照以往的方式以"填鸭式"教育模式对学生进行教导，那么估计起不到任何作用，只有将理论与实践教育有机集合起来，协同育人才能取得成效。

第二，当前的教育评价体系中存在很多缺失。其一，价值理念出现背离。高校教育的主要目的就是培养合格的社会主义接班人，帮助学生获得知识和道德修养方面的全面提升。在这个过程中，德育应该当之无愧被放在首要位置上，不过现在的高校教育却并非如此，很多高校将更多的关注点放在提升学生知识技能上，而德育的发展则显得不那么重要，这种错误的定位其实是对教育价值目标的一种背离。其二，责任产生错位。现有的教育评价机制并没有与时俱进，具体的考核内容主要以教师工作量，取得的科研成果数量和学生的考试成绩为主，而教师在育人方面所做出的成绩并没有被列入考核范围之内，即便是出现问题也不会进行惩罚。在这样的情况下，以评估促动改革的目的也就无法达成。其三，个性不足。当前的教育评价体系不够科学，针对师生的考核生硬地照搬一套标准，不懂得应该因人而异，所以教师们只能盲目跟风。其四，教学动机产生扭曲。当前高校针对教师的评价都会和之后的评职称、提拔等密切相关，而参评者都想获得更多的荣誉，为此甚至可以弄虚作假，这种评价显然无法对现实情况进行真实的反映，也能打击很多人的积极性。第三，教育大众化趋势的育人成本空前提高。其一，随着高校扩招，学生的数量激增，原来平衡的师生比关系被打破。在现代社会，人们对教育都非常重视，家长们都希望自己的子女可以进入大学接受更好的教育，随着高校的不断扩招，学生的数量比之前提高了很多，师生数量开始不成比例。我国现在高校的师生比调整势在必行。

从教师的角度来看，一个人需要对一百多个学生负责，要对很多学生的毕业论文进行指导，这需要付出更多的时间和精力。而辅导员的工作也更加辛苦，一个人需要负责多个班级的行政事务，再想要在教学管理上下功夫并不现实，忽视学生的需求也在所难免。2013 年，一位在教学一线工作的教师提到，"在没有配置助教的情况下，常态化地教授 5 个班次（10 学时）/学期，每周面对的学生高达 250-400 人。一个老师一个学期教 400 个学生，既不科学，也不合理！"[①] 这位教师的话引起了共鸣，说明这在高校属于普遍现象。正是因为师生比例失衡，所以高等教育的质量也无从保证。其二，收费较低导致经费入不敷出。为了兼顾学生的受教育权利，普通高校的收费水平并没有提升，不过教学规模却在逐渐扩大，教育经费总量每年都创新高，而这些支出都需要政府和高校来买单。2019 年，我国的教育经费支出超过 50178 亿元，财政性教育经费大约有 40046 亿元，比 2018 年同比增加 8%。[②] 分析这个数字不难发现，我国教育经费的 80% 是由国家财政补贴构成。在教育支出屡创新高的今天，政府和高校所承受的压力可想而知。高校需要开源节流，这就势必影响到教师的福利和项目经费，而协同育人工作的开展也会受到不小的影响。所以，高校因为各项成本支出居高不下，所以想要实现协同育人也遇到很多困难。

党中央非常重视健全高校的思想政治教育机制，不过需要认识到的是，我国思想政治教育工作不管是在理论研究还是实际操作过程中，都存在着这样或那样的问题，相关的投入也不充分。重点主要在以下几方面：一是关注教育过程。二是把握教育规律。三是设定教育目标。四是提出有效的教育方法。

不过在实际的教学工作中，高校在思想政治教育机制的研究方面并没有投入很多精力，重视程度不高，教育主体更关注专业课的教育质量，而没有意识到打造教育机制的重要性，所以我国高校思想政治教育工作质量一直提升不起来。而且，高校管理者并没有将协同育人理念上升到理论高度，也没有用以指导思想政治教育机制建设工作的开展。

总体而言，高校人才培养并不是一蹴而就的事情，而高校思想政治教育工

---

① 肖陆军.大学公共课师生比失衡教师发公开信表担忧 [N].广州日报，2013-03-22.
② 教育部国家统计局财政部关于 2019 年全国教育经费执行情况统计公告 [EB/OL].[2020-10-28].

作也是同样的道理，所以要将协同育人理念贯穿在整个教育体系当中，实现教育资源的优化配置，让各种元素联动起来发挥良性积极作用，激发出教育主体的主观能动性，为了提升教育质量而贡献出更多的力量。在协同育人理念中，协同与合作是两个关键性要素，所以要对机制内的各项要素进行有机协调，消除冲突与矛盾，积极实现合作与共赢，打造良好的协同育人机制，保证思想政治教育工作的顺利实现。

二、高校内部及高校之间相配合的程度方面

高校想要开展思想政治教育工作，就需要将内部和外部的资源整合起来，针对实际情况进行完整的计划与详细部署。从当前的实际情况来看，很多高校已经实现了内部资源的整合与配合，不过只是在程度上有些不足，协同范围也不是非常广泛，在一些问题的处理上可能会脱节，正是因为协调不紧密，所以思想政治教育协同育人工作的开展范围不够广，产生的作用也不够大。学校之间的联合教育工作也曾经有过成功案例，不过只是偶尔为之，不能形成规模。之所以会出现这样的情况，主要原因有三点：一是教育理念不够先进；二是教育方法比较传统落后；三是教育机制不够科学。

（一）高校协同育人认识程度和重视程度有待加强

现阶段，很多高校因为受到传统理念的影响，各种教育观念不够先进，而教育主体更多的是照本宣科，没有对学生进行智育方面的启发与教育，没有将"德育"放在首位，在教学工作中也没有重视全员育人或者是全方位育人。教育者对思想政治教育工作不够重视，没有意识到这项工作的深远意义，所以落实在教学过程中也是蜻蜓点水。在很多专业教师看来，思想政治教育工作并不是自己的本职工作，和他们的关系不大，所以他们不会在此倾注更多的精力，在培养学生思想品德方面也就没有起到积极作用。还有些教师自己在这个方面的认识存在误差，更不能对学生进行正确引导。长此以往，育人效果可想而知。再有，高校在联合执行思想政治教育的师资培养方面几乎没有任何打算与规划。

总体而言，高校在这个方面的教育理念不够先进，学校之间也没有形成相

互配合的联动机制，所以协同育人的发展进步缓慢，思想政治教育的目标迟迟无法实现。

（二）高校协同育人方式方法有待创新

现阶段，大多数高校依然采取传统方式对学生进行思想政治教育，主要的教育方式就是课堂教学。

（1）教师在向学生传授书本知识时多是以讲解理论知识为主，并没有真正将理论和实践联系在一起，学生可能一时也接受不了，总体感觉就是很空洞，不具体。

（2）很多学校的教师们只将精力放在自己的工作上，彼此之间交流不多，他们不愿意去旁听别人讲课，自己的课也希望别的老师不要来旁听。按照这样的趋势发展下去，老师之间无法相互学习，也就不能共同进步。

（3）在具体的教学过程中，教师基本是以灌输知识为主，很少对学生进行启发与鼓励，所以学生们自我发挥的空间比较有限。而且，教师基本上都是解决思想问题，很少将理论联系实践，言教居多，真正的身教屈指可数。

此外，在对新型教学媒介的应用方面不够积极。当被问到，如何看待网络在影响大学生思想政治教育工作中的作用时，有超过88%的学生提到，在他们看来，网络可以在很大程度上推动思想政治教育工作的发展。因此，在进行思想政治教育协同育人机制建设时，老师最不能忽视的一个重要因素就是网络因素。正是因为网络具有开阔性和广泛性，所以教育的边界就能更容易被打破。比如各种微课堂，可以将优质教学资源共享给更多的同学，也能为学生打开新的视角，更好地完成育人目标。之所以要进行协同育人，就是要稳步提升大学生的综合素质，所以高校在这个方面要具有前瞻性和全局观，积极调整当前的教育方法，实现教育资源的优化配置，加强高校之间的协作联动，深化教育体制改革，打造全新的教育理念，为完善协同育人机制打下坚实的基础。

（三）高校协同育人机制需要融合

现阶段，各大高校在思想政治教育协同育人方面其实没有很多的现成经验可以参照，再加上实践所得的成绩不多，所以各项功能得不到充分发挥，这也为后续的工作开展增加了阻力。之所以会出现这样的情况主要有两方面原因：其一，机制目标的设定缺乏科学性，也没有先进的意见加以指导。很多高校在开展思想政治教育工作时虽然大力提倡了协同育人理念，不过因为各项机制并没有同步建立起来，所以教育资源无法得到系统整合，各个要素依然处于散乱的状态，所以育人效果依然无法达到。还有一些高校已经将协同育人机制建立起来，不过相关的指标没有设定，具体有哪些工作任务，要达到何种要求都没有明确，所以教育者还是按照以往的经验和模式开展思想政治教育，所以机制基本上起不到任何作用。其二，系统内部的沟通作用得不到发挥，协作机制形同虚设。在当前的教育工作开展过程中，专业老师基本上还是各自为营，老师之间也没有就思想政治工作的开展展开有效而密切的交流。在这样的情况下，教师在协同育人方面也就没有了主动性与积极性。

三、高校外部育人主体间协同方面

思想政治教育体系涉及面广，内容复杂，教育因素多样。这些因素相互关联，共同作用，形成一个多维发展系统。思想政治教育作为高等教育的一门课程，实际上具有很强的社会属性。因此，学校在完成固定的教学任务的同时，还应积极拓展思想政治教育资源。如果把这些资源和因素处理好，对今后的思想政治教育工作将有很大的推动作用。要构建健全完善的思想政治协作教育体系，仅靠学校内的协作力量是远远不够的。因此，需要校外资源和学科的补充，如家庭的支持和社交网络的作用。这些力量也在很大程度上促进了思想政治教育的发展。

然而，高校外部的教育主体通常是独立的，在协调方面，内部和外部力量都不强。

（一）家庭、社会等校外育人主体作用不言而喻

首先，从家庭教育的角度来看，家庭是学生社会化的第一个场所，家长往往被视为第一位以身作则教育孩子的老师。从出生到进入社会，儿童60%以

上的时间都待在家里。因此，家庭氛围是否和谐，父母的教育水平、平时的习惯爱好和道德素养水平都会对孩子产生很大的影响。可以说，家庭教育对塑造儿童的思想道德水平具有重要意义。

其次，就社会教育而言，在高校思想政治教育过程中，学生不可避免地受到社会环境、经济发展水平、文化状态和大众传媒的影响。今天的社会日新月异，每个人都和别人不断地产生联系。首先，这些联系可以帮助大学生更好地塑造自己的思想道德意识；其次，这些联系将对大学生的"三观"产生不可磨灭的影响。社会政治环境对大学生的影响主要体现在政治观的树立上。如果大学生所生活的社会政治环境非常正确，那么，在此基础上，大学生的政治观念也更为端正，从这一层面来讲，思想政治教育工作的开展可以说是事半功倍；社会文化环境的影响通常是间接的，渗透性强，时代痕迹明显。它对大学生思想道德形成的影响更为微妙，是在潜移默化下发生的。

第三，以报纸和电视为主的大众传媒将在很大程度上影响着人们的每个方面，并能积极改变人们的生活方式、言行等。因此，我们应该理顺大众传媒的作用，使其对人们产生积极影响，并向人们传播正确的社会价值观。在科学技术飞速发展到一定程度后，网络应运而生，它为人们认识世界、获得认知提供了更多的可能性。现在我们已经进入了网络时代，在大学生思想政治教育过程中，我们不能忽视网络教育的重要性。

如何探索网络教育的作用，实现思想政治教育与网络的有机结合，是高校需要解决的重要问题。充分利用网络在思想政治教育中的优势：一是网络教育速度更快、效率更高。在网络时代，信息以难以想象的速度迅速传播。因此，以网络教育形式进行的思想政治教育不必受时间和空间的限制。大学生可以利用所有的业余时间学习和接受教育。此外，在网络教育过程中，学生和教师可以及时互动，在第一时间解决问题，这将大大提高学习效率。二是网络教育更加直观形象。例如，教师可以为学生播放视频和动画，大学生不仅可以听，还可以看，这使得他们比传统教学更容易产生共鸣使他们的认同感倍增。

（二）高校之外的育人主体有效协同资源聚合和优化不足

事实上，高校外部教育主体的协作能力并不强。无论是家庭、企业还是科研机构，基本上都不会自觉、主动地承担起育人的责任。在他们看来，学校和教师在这方面负有更大的责任。正是由于这些教育主体在教育观念上存在着一些偏差，他们就没有强大的思想政治教育力量，也就无法在高校教育发展中发挥协同作用。高校外部教育主体之间没有很强的协作力，主要体现在缺乏建设力和监管力。

在实力建设方面，目前尚未建立有效的思想政治教育机制，其中包括校外教育因素。从目前的实际情况来看，这方面的研究大多是由高校的专家学者完成的。然而，他们并没有把校外教育因素纳入大学教育机制研究中。正是由于缺乏研究，校内外因素不能紧密配合，最终作用不理想。监管权的缺失主要意味着必要的激励机制不完善，不能对教育主体起到积极的促进作用。这里所说的激励主要包括物质激励和精神激励。希望它能双管齐下地激励教育主体，因此很有必要在奖惩机制的运行下建立有效的激励机制，也可以更好地调整教育的发展目标和具体形式。

调整现行保障机制，是高校开展思想政治教育协作教育的前提和基础。也可以为实际工作的开展提供必要的保障，为教育主体开展工作扫清道路，更好地保证教育质量。总的来看，要实现校内外教育主体的联动，建立健全激励机制，促进教育主体之间更好地合作，充分发挥主观能动性，发挥能力，优势互补，从而为思想政治教育的发展打下坚实的基础。

（三）协同育人的相关机制和基本保障尚不成熟

提升系统协同效率的必要条件就是保证机制的有序运行，具体到大学生思想政治教育工作，更是要将协同育人机制的作用充分发挥出来。不过从当前的实际发展情况来看，高校的这两支队伍并没有发挥出应有的积极性，合作平台也未搭建起来，同时，机制中存在的问题逐渐明显。

第一，高校并未建立起交流畅通的合作机制。行政部门承担着较为沉重的日常事务工作，他们已经分不出精力来育人。而思政课教师也有必须要完成的教学任务，在育人方面也是力有不逮。所以在实际工作中，部门之间权责不明，在遇到问题时会互相扯皮，在他们看来，育人工作不是自己的本职工作。特别是在几个存在利益冲突和竞争的部门之间，部门领导会更多地关注本部门的利益得失，所以在合作中也会有所偏颇，只将本部门的得失放在首位。在这样的发展趋势下，大学生思想教育协同育人格局很难形成。有一位在学生处工作的老师曾提道："早些年我们组织过研究生的演讲比赛，不过几乎在同一时间，校团委的学术部也针对研究生组织过差不多的活动，其实这就是一种重复，如果能够将资源整合一下，效果可能会更好。"

第二，需要对当前的评估与考核机制进行健全与完善。其实现阶段针对教师展开的考核工作主要还是侧重内容，比如教师取得了多少科研成果，教学质量如何等，在协同育人方面基本上没有设定明确的标准。参与考核的指标主要有教师的课时量、学生对老师的评价，以及老师自身取得的科研成果，有关协同育人的指标并未体现在考核标准当中。具体到学工系统当中，考核的重点主要放在事务性工作的完成情况上，即便是老师做了和协同育人有关的工作，也不会在考核中得到高分。正是在这种考核机制的影响下，有些思政课教师和高校辅导员就把精力放在提升自己的考核成绩上，不会在协同育人方面倾注很大精力，在这方面的工作热情也比较低。关于这一点有位刚入职的思政课老师提道："我在进入高校之后，学员的慕课工作就全部是由我来做，不过遗憾的是，这个工作是不会带来工资收入的，我虽然每天兢兢业业，在慕课上付出了很多的时间和精力，这也不会体现我的工作量。因为我们学校的领导对这方面比较重视，所以我还能多少领到一部分补助，不过像我这样幸运的老师并不多，有些学校的老师即便是干上几年，也是一无所获，只是在自己的简历上可以多增加一些工作内容而已。"

第三，现有的激励与晋升方式起不到应有的效果。要想引导和鼓励思政课教师以及高校辅导员积极参与协同育人工作，就要对他们的精神需要进行合理满足。不过从当前的具体情况来看，高校所采取的激励措施主要是以物质奖励为主，而上升到精神层面的需求基本没有得到满足。比如，如果需要辅导员去参加和协同育人有关的会议，学校会提供相应的报酬，不过在精神层面的奖励就没有了。其实在高校当中，辅导员主要从事的是行政管理工作，地位并不高，所以很多任课老师对辅导员都比较轻视，不少学生也是以同样的态度来对待辅导员，所以辅导员在日常工作中会遇到很多难题。而且，辅导员在晋升方面也比普通教师慢。正是因为长期处于这样的环境，辅导员对协同育人这项工作没有足够的热情。曾经有位辅导员就直言不讳："很多人其实就是将辅导员这个岗位当成跳板，在有了更好的出路之后，就不会继续从事辅导员工作，也基本没有人会一直干下去。"

第四节　协同育人模式下推进高校思想政治教育工作的路径

一、建设高校思政课实践育人协同体系

（一）思政课实践教学的内涵

思政课实践教学，顾名思义就是在思政课理论教学全部完成的前提下，通过各种形式的具体实践途径，让学生进行体验和反思，进而达到对思政课课堂所学理论知识的消化、吸收，进而内化为学生自己的理念和价值观，外化为学生的具体行为，真正实现学以致用，同时帮助学生培养和树立马克思主义的世界观和方法论，成为优秀的新时代建设者和接班人。

1.思政课实践教学的含义

思政课实践教学是思政课的一种教学形式，并不拘泥于某一种方式，而是多种不同方式的组合或者说结合，具体来说就是思政课内实践、校内社会实践和校外社会实践三种实践方式的结合。

思政课内实践是指在思政课的课堂教学过程中，思政课教师组织学生在课堂上开展诸如小组讨论、主题辩论、演讲、历史情景剧等活动，让学生运用思政课上所学的理论知识对某一个具体问题进行分析，提升学生对生活、对问题的思辨能力和解决问题的能力。

校内社会实践是指在高等院校校内通过各类社团组织或者与学校各个部门合作，如图书馆、团委等，在校内开展各种类型的校园文化、宿舍文化、班级

文化和社团文化建设活动，让学生在参与学校的集体活动中提升团队意识和协作能力，提高自身的综合素养。

校外社会实践是指学生利用课余时间或者寒暑假，在校外进行志愿服务、社会调研、义务劳动、岗位见习、参观访问等活动，了解群众的冷暖疾苦，体察社情民情，让学生在社会参与中加深对社会的认识了解和情感体验，激发学生爱祖国、爱家乡的热情，培育和增强学生的社会责任感。

2. 思政课实践教学是一种具体的教学形式

思政课的实践教学不同于学生在大学阶段进行的社会实践和专业实习活动。专业实习是在专业教师的协助和指导之下，大学生深入工作一线进行具体工作，旨在帮助大学生强化专业知识，提升学生职业技能与职业素养。而大学社会实践活动则是高等院校按照人才培养目标对大学生进行有计划、有组织的社会锻炼，主要以暑期社会实践活动、志愿服务活动等为主，旨在提升学生理论联系实际的能力。思政课的实践教学是将思政课的课内实践、校内社会实践和校外社会实践三种实践方式有机结合，旨在将学生在思政课堂上所学的理论知识与具体的社会实践相结合，进而帮助学生树立正确的世界观、认识观和价值观，从而有效提升学生的思辨能力、创新能力和解决问题的能力。由此可见，专业实习和社会实践都与思政课实践教学有诸多共同之处，但是又有着明显的区别，思政课实践教学是一种具体的教学形式，它服务于思政课的具体教学目标，不是泛化的社会实践或者专业实习。

（二）思政课实践教学的意义

1. 有利于培养高素质技能型人才

思政课实践教学不只是课堂辩论和演讲，更多的是校内外具体社会活动的参与。具体来说，思政课的实践教学能够让大学生有机会接触社会，参与社会活动，真实体察社会生活，在社会生活中领会和感悟国家政策、方针的重要性，了解人民渴望喜乐安康的真实诉求，进而提升自身的政治素质、思想道德素质和法律素质。与此同时，引导大学生能够灵活运用马克思主义哲学思想来分析和解决实际问题，增强自身的职业素养与职业技能，真正成为对国家、对社会、对工作有用的高素质技能型人才。

2. 有利于提升思政课教师的教学水平

作为一名思政课教师，不仅要有扎实的理论功底，还要有掌控和驾驭课堂的高超技能，更为重要的是，思政课教师要在潜移默化之中将正确的"三观"、正确的思想理念渗透到学生的思想之中，让学生在思政课堂上有收获，有获得感。而这种获得感的产生主要源自两个方面：一是有远见、有深度和穿透力的学术理论；二是要有丰富的实践教学环节，让学生在吸收有引领和穿透力的思想的同时，能够真正体察和感悟到生活的真谛、社会发展的规律……这对于思政课教师来说是一个极大的考验，需要思政课教师精心思考和设计每一节课，尤其是能将认识上升为行动的实践教学环节的设计。因此，思政课实践教学有助于不断提升思政课教师的教学水平。

3. 有利于推动思政课的教学改革与创新

思政课具有极强的思想性和理论性，同时也是实践性非常强的一门课。思政课实践教学不是一成不变的，而是要根据时代的发展以及学生群体特点的变化来适时地进行调整，这一调整本身就意味着要不断地对思政课的教学环节进行改革和完善，不断创新教学的方式方法，尤其是实践教学环节的教学方式和方法。实践教学环节是与社会实际与时代发展紧密结合的，必须以当代学生最能接受、最愿意接受的方式来呈现，这样才能激发学生参与实践的兴趣和热情，从而能够有效地保障思政课的教学效果，同时也能有效推动思政课的教学改革与创新，真正让思政课有温度、接地气，而不只是理论的输出。

（三）实践育人协同体系建设必要性

1. 理论与实践相结合是思政课实践教学协同育人的必然要求

理论与实践相结合是对思政课教学的必然要求。学以致用是教与学的共同期盼，基于中国实现"两个百年"奋斗目标、中华民族伟大复兴中国梦的需要，基于弥补当前理论教学和实践教学各自存在"短板"的现实需要。以学生为中心的"立德树人、终身受益"教育理念成为思政课建设与改革的中心环节与核心问题。思政课教育教学理念长期以来过于重视"政治思想性"和"意识形态性"，与鲜活而丰满的社会现实和中国特色社会主义伟大实践进行有效的对接与融合流于形式，无法实现与"立德树人、终身受益"教育理念的有效结合。这在很大程度上影响着思政课教学的吸引力，降低了马克思主义理论的内在魅力。

通过思政课理论教学正本清源，用中国故事讲好马克思主义，让身边的生活、生产实践的发展变化阐释好马克思主义，增强马克思主义对现实问题的解释力和说服力，不断提升中国化马克思主义学术话语权和国际影响力，有效地帮助大学生廓清迷雾，明辨是非，切实避免大学生受到错误社会思潮的消极影响而陷入"晕轮效应"。这对我们避免在马克思主义指导地位这一根本性问题上犯"颠覆性错误"至关重要。思政课理论教学和实践教学必然要承担起这一责任。遵照中宣部、教育部"创新计划"关于"建设与课堂教学相互促进的思政课第二课堂体系"和全国高校思想政治工作会议关于"思想政治理论课要坚持在改进中加强"的有关精神，推进理论教学与实践教学的协同育人，切实解决当前思政课教学中普遍存在的"重理论教学、轻实践教学""理论教学实效性不高、实践教学流于形式"等问题，就成为当前高校思政课建设和改革面临的紧迫任务和重要课题。

2. 思政课与课思政相结合是思政课实践教学协同育人的有益补充

进入新时代，大学生面临世界经济全球化、逆全球化进程同步显现，国际局势趋于复杂化，各种文化思潮多元碰撞、新媒体时代社会认知碎片化的影响铺天盖地。新时代大学生在思想、情感、观念、感觉、思维、心理等方面与以往有很大不同，碎片化的先入为主思想认知主导大学生的价值判断，在此情况下，传统的"主阵地"式思想政治教育实效性降低，非思政课、社会各界对大学生价值观的形成影响巨大，因此在思政课之外的其他教学环节贯穿思政教育元素迫在眉睫，课程思政应运而生。培养合格的社会主义建设者和接班人是思政和课思政的共同目标。思政课重在理论宣传，课思政重在展现各自不同领域马克思主义理论中国化的现实成果。二者的协同可以避免出现作为主阵地的思政课努力完成马克思主义理论和社会主义核心价值观宣传教育活动，其他课程用局部事实、个别问题、虚无历史冲击大学生价值观形成的现象。

3. 校内与校外相结合是思政课实践教学协同育人的必然途径

现代网络技术的发展、自媒体的普及，使得当前大学生在接受教育的过程中已经没有了校内、校外的界限之分，这就要求思政课实践教学不能脱离校外环境闭门搞建设，要切实抓好校内、校外实践教学环节的有效结合、协同育人。通过安排大学生参与社会调研、大学生科技活动、志愿服务、三下乡社会实践、文化艺术活动、校企合作等活动，建立学生与社会、学生与企业之间的学习通道，实现校企合作、工学结合、产教结合。把思政课教育的范围由课堂向课外延伸、校内向校外延伸，逐步建立以学生为中心，以教师身份转型为关键，以大学生社会实践活动为载体的理论与实践相结合、校内与校外相结合、课内与课外相结合的思政课实践教学协同育人模式。

4. 线上与线下相结合是思政课实践教学协同育人的时代特征

随着移动互联网以及大数据时代的到来，尤其是受新冠肺炎疫情的影响，线上教学活动的大规模开展，教育与互联网合作共存将势不可挡。在这次应对疫情的过程中，在线教学成为大中小学实现"停课不停教、停课不停学"的现实选择。各类院校纷纷建立网络教学平台，积极推进信息化教学。线上线下教学模式因其特有的优势与发展前景得到社会各界的支持，但对于高校思政课来说，此模式在运用过程中要求很高。线上教学具有不受空间限制、提供海量资源、可以反复学习等优势，但一段时间的在线教学也暴露出一些问题，主要是对思政课而言，在原有的"亲和力不够、针对性不强"的困境问题还没有解决的情况下，新生的"实践性不强、操作性不足"的问题又凸显出来，因此如何发挥线上教学优势、克服线下教学和线上教学存在的问题，突破"你教我学"的传统教学模式，打通线上与线下，实现更好的教学效果，是新时代增强思政课协同育人效果而需解决的新课题。

（四）高校思政课实践育人协同体系建设路径

1. 教师方面

（1）提高教师主动性

由此可见，高校思政课实践育人协同体系建设的根本是教师。教师必须坚持以马克思主义中国化为自身发展的信仰，这样才能够为实现思想政治教育真理的传授奠定基础。教师还要在此基础上不断地进行自身思想政治素养的提升，学习和挖掘极具代表性的红色文化，并通过各类典型的民族精神和时代精神典范，来引导学生学习和解读当代思想政治理念，学会用辩证统一的观点去看待当前社会存在的问题和难题。教师还要鼓励学生坚定不移地跟随党和国家进步与发展所采取的各项政策法令，通过学习和正视社会发展的热点与难点，通过高校大学生的思想政治觉悟和意识，通过其针对性实现马克思主义中国化与高校思政教育的紧密结合，做到政治理念走进人群，深入人心。

（2）实现观念融合

教师应该及时对教学内容与方法进行革新与借鉴，根据不同专业学生的发展特点来进行教学方案设计和执行，根据专业特点将思政教育与专业课教育紧密衔接，引导学生在进行专业课实践的过程中达到对思政课的学习，最终实现高校大学生职业技能和思想素养的双重提高。首先，要实现思政课实践育人协同体系建设，思政课教师在教学内容设定时必须及时有效地跟专业课教师进行沟通交流，制定能够实现双方协同发展的教学内容大纲，并据此来进行相关教学内容实践活动的制定。其次，在已有教学方案与计划的基础上将二者进行融合，让学生在专业课实践过程中实现对思想政治教育的认同，并在这一过程中潜移默化地养成良好的思想政治素养。

（3）加强沟通协调

早在 2017 年时中共中央和国务院就颁发了高校思政教育改革和发展的新条令，旨在要求通过将思想教育与全面教育相融合，并将其置于教育教学所有环节中，来建立完整的长效教育机制，并以实现思想教育的教育过程和内容全覆盖作为教育改革目标。而想要实现这一改革目标思政课教师还需要重视自身与高校辅助教师和专业课教师之间的交流沟通，并在党团建设、班风校风建设和校园文化发展建设等方面及时参与和提出整改意见，在思政教育与班级学校整体建设的过程中，实现二者融合，并引导学生在这样的思想教育环境中学习和生活，让高校思政教育实现全方位和立体化。

2. 学生方面

（1）志愿服务路径多元化

除了已有的教育实践途径，学校还可以选择一些学习和社会服务相结合的思政教育志愿服务方法来提高高校大学生思政能力和水平，像支教、医疗援助等，使得实践内容更趋于多样化和形式化，让大学生从志愿服务中探求力量和实质，学校、教师和学生还可以通过创新来拓宽志愿服务渠道，引导更多的学生参与其中。通过将志愿服务与社会实际相结合的办法，让学生更好地融入当前的社会环境中来，从现实中体悟生命的存在价值，学会珍惜眼前的成长和教育机遇。社会志愿服务还可以让学生的眼界得到拓宽，通过各类志愿和爱心活动，让更多弱势群体受益，引导学生和社会群体养成积极乐观的生活态度，实现社会的稳定和和谐发展。

（2）参与社会实践活动

要参与社会实践活动，就要求高校大学生积极参与到社会事务中去，发挥服务社会的与事人员作用，让大学生通过社会实践创新和摸索出可以高效解决各类社会事务和社会问题纠纷的途径和方法，并把实践的重点置于人们的日常生活中去，关注人们的工作生活和健康发展等问题，例如走进街道办事处或居委会，这样最为接近民生的基层单位工作内容精细却不广泛，很多内容处理极为复杂艰涩，就能够让学生获得更多的社会实践经验，也能够让高校大学生真正意识到服务社会的本真含义。当然，无论参与哪种社会实践，学生都应该具备一定的思想政治素养，思政教师与高校辅助教师也应该及时做好指导和引导作用，在对学生的培训和监督中使其能够得到实践能力的提升。

3. 学校方面

（1）教育机制和观念创新

思想政治教育一直都是影响学生思想教育发展的关键课程，当前高校都在进行协同体系构建，力求促进学生思想道德水平的进步与发展，思想政治教育的延展性和丰富性也要求高校必须将职业教育与思想政治教育融会贯通，因此想要实现这一体系的构建与完善，必然需要学校的全力支持。首先，学校管理层级必须以此为己任，成为职责清明，分工明细，建立有担当、有谋划且重视实践的核心领导部门，也只有这样才能够帮助更多的学生融入和适应社会，现代化的教育模式也才能够应对多变多挑战的现实社会，学校教书育人的职责才能得到保证和体现。其次，各级教师和高校辅助教师也应该及时转变传统的教育观念和方法，学习和引进新型的教育观念和方法，让学生实践走进学生学习和生活中，实现教育体系的优化和完善。

（2）重视和鼓励自主创业

教育中心是以德育人，这要求学校这一教育主体必须要根据社会发展的现状和实际来进行教育观念和方法的变革与创新，使得教育理念与社会需求进行结合，让学生在社会实践中理解和领悟社会思想政治的内涵，并在此基础上实现经验积累。还应该在各机构的有效配合下让协同育人的理念和体系成为高校思政教育的常态，最终从思政教育的普遍性和任意存在性中促进学生的全面进步和发展。另外，当前是需要创新和鼓励创新的时代，高校思政教育的发展也应该紧抓这一时代脉搏。一方面国家相关部门在思政教育创新方面应给予大力的支持和扶持，并通过技术指导等方法来提高创新能力和水平。一方面在创新内容和培养模式方面，相关部门也应该及时进行更新，让创新内容和方式能够最大限度地与当前的社会发展现实相匹配，学生的专业能力得到提升的同时，社会实践综合需求能力也会进一步得到提升。一方面，定期不定期的高校创新比赛等活动能够为学生实践提供更多的机遇与可能，也能够积累更多的创新经验。另一方面，合理有效的创新奖励制度能够一定程度上给予大学生支持和精神激励，学生的创新意识和积极性也会得到进一步的提升。

二、开展高校思想政治教育与创新创业教育协同育人

（一）教育融合层面秉持"协同共生"的育人理念

在高校教育改革的新形势下，高校思想政治教育与创新创业教育作为高校教育的核心内容，需要因时而变、因事而化、因势而新，这就要求各高校在思政教育融合格局小的困境下必须秉持"协同共生"的育人理念组织开展各项创新创业教育活动，确保育人成效和大学生综合素质符合社会发展的要求。首先，创新创业教育与思想政治教育在育人上有耦合性也有差异性，一个是实践性强，

而另一个是理论性强。因此，高校应从"协同共生"的育人理念出发，将思想政治教育的价值引领作用寓于创新创业教育的实践中，不断延伸全过程与全方位育人的渗透面和服务面，将两者"协同共生"，以发挥更大育人作用。其次，在创新创业教育中要充分发挥好思想政治在价值引领中的核心地位，更有底气和自信地讲好中国故事，激发学生将个人梦想与中国梦相结合，勇做新时代的弄潮儿。

（二）教学方法层面搭建"协同共建"的育人平台

思想政治教育协同创新创业教育要发展，在教学方法层面首先应以"立德树人、德育为先"为先导，搭建"协同共建"的育人平台，这就要求思想政治教育与创新创业教育在教学内容的创新度上需多下功夫，在教学方法上进行改造和升华，不断凝练成当代大学生喜闻乐见的教学模式，与大学生的专业技能、道德素养同向同行发展。首先，创新创业课教师在授课时要注重并做好对思想政治教育环节的引领，结合授课班级学生的专业就业前景来创新教学内容与教学结构，以此加强思想政治教育理论传播的针对性，实现"协同共建"的"一体化"培养平台，提高教学实效性。其次，显性与隐性教育是两种常见的德育教学方法，两者既相互对立又相互统一，对高校的教育发展有重要作用。创新创业教育的发展要建立好创新创业课堂显性教育与思想政治课堂隐性教育的"协同共建"育人平台，坚持把立德树人的教育宗旨融入教书育人全过程，将理论资源、学科资源转化为育人的实践资源，实现思想引领和技能培养的有机统一，使两种教育在育人平台中互为补充、相得益彰。

（三）保障机制层面创设"协同共营"的育人氛围

在高校思想政治教育协同创新创业教育发展的改革道路上，高校要基于协同育人理念在各个层面和各个时期都要认真把二者融为有机整体，贯穿于学生的成长成才阶段，营造"大众创新、万众创业"的"协同共营"育人氛围。健全保障机制，要本着"协同、融合、共赢"的理念，以更健全的保障机制提高师生参与的积极性。一方面，要结合新时期下的创新创业教育改革要求，切实保障好师生的切身利益，不断完善教师绩效与课程考核等条例，在教师的考核方面要加大创新创业教育工作的参考比重。此外，思政课教师与创新创业教育课教师要本着"协同共营、协同育人"的初心共同制订创新创业的人才培养计划，统筹规划好实践教学和学生的创新创业活动，为思想政治教育协同创新创业教育发展提供源源不断的支撑力。另一方面，高校要在思想政治教育的价值引领中营造良好的创新创业氛围。充分利用校园宣传平台加强对创业精神、优秀创业作品、创业事迹、先进创业典型等进行广泛宣传，让榜样的力量形成更强的号召力。通过开展创新创业系列学生活动与创业分享会等，让更多学生真正参与并乐享其中。完善对学生的弹性考核方法，将学生创新创业教育的实践过程和劳动成果作为思想政治教育课考核的重要参考指标，以此激发学生的创新创业热情，对学生的"知与行"产生有利影响，从而提升育人成效，创设"协同共营"的育人氛围。

三、实施高校思政教育与心理疏导协同育人

构建协同育人机制是一个复杂工程，需要有科学的方法论基础，以目标性、平等性、积极性、情感性为指导原则，从运行机制、调控机制、保障机制等方面进行深入探索。

（一）运行机制

运行机制是思政教育与心理疏导协同育人的基本程序，是实现教育目标的手段、方法。具体包括沟通机制和激励机制。有效沟通是打开学生心结的钥匙，也是运行机制的基本手段。开展有效沟通要围绕学生所思所想，主动拉近与学生间的距离。一是引导学生树立科学思维，理性面对学习生活中遇到的困难和挫折，正确认识社会，科学分析社会现象和问题，逐步提升自我修复能力；二是推进学生价值观引领，通过交流，使学生感受到温暖，养成感恩意识，推动学生与他人、社会形成良性互动，践行社会主义核心价值观；三是重塑学生自信，结合专业知识促进问题学生内心同构，加强心灵感应，形成心理共鸣，以解除大学生思想包袱。运行机制的建立需要有计划、有目的、有针对性，把握

个体差异，实施专项思想辅导，通过有效激励机制能促进思政教育与心理疏导深度融合。并用激励唤醒大学生，重塑自信，明确目标。针对大学生存在的心理问题，科学把握，逐步将其思想引领到国家社会层面上，将个人的前途命运与社会发展联系起来，以激发个人树立远大理想。

（二）调控机制

新时代高校思政教育与心理疏导在实践上还需要不断探索，鉴于当前高校教育对象所处环境存在的一系列特殊性和复杂性，建立协调育人机制还需要进一步的研究和完善，特别需要建立合理常态化的调控机制。调控机制主要包括筛查机制、反馈机制和整改机制。筛查机制是构建协调育人机制的信息依据，是为了实施更加精准化的管理，保障育人效果和治疗效果。为此高校应根据思政教育的要求，明确筛查制度，组建专业化团队，利用信息技术构建筛查网络机制。通过筛查，排查出有心理问题或严重负面行为倾向的大学生。在筛查基础上，通过反馈机制对问题进行合理化呈现，通过建立个体心理疏导档案，以便从宏观上把握大学生的思想状态，对潜在问题进行预测和干预。在心理干预过程中，要把握客观规律，创新干预方式与干预手段，为下一步整改奠定基础。同时要畅通信息反馈渠道，建立专业化反馈平台，满足大学生多元化的心理疏导需求。整改机制是协同育人机制调控工作的核心内容。针对筛查反馈的问题，形成专门整改方案，制定干预计划，并形成一系列经验总结材料。

（三）保障机制

高校思政教育与心理疏导协同育人机制的构建需要条件保障。主要有物质保障、政策保障和人力保障。物质保障包括硬件和软件，在硬件上，高校应建立专门心理疏导室，定期开展专项筛查活动，保障活动有效开展。在软件上，既包括各类宣传品、影视资料、图书等的研发，为思政工作的开展提供智力支持，也包括心理教师主观能动性的发挥。政策保障是对大学生心理疏导问题具有规范指导督促等作用的政策与制度，心理疏导政策要以促进大学生成长成才为出发点，确保学生身心健康。通过政策层面的引导，促进大学生重视自身心理问题。同时政策内容要与思想政治教育紧密结合，培养大学生法治意识，明确相关的权利与义务，使心理疏导与思政教育协同育人机制向专业化、法治化、科学化方向发展。人力保障是实现思政教育与心理疏导协同育人的又一重要内容，心理疏导对人力的要求不仅包括技能与方法，还对自身的人文素质素养提出很高要求。要促进心理疏导的有效开展，思政课教师不仅要有良好的理论基础，还应涉及心理学、教育学、医学等相关技术实践。因此，要完善人才队伍建设，需要技能培训和专业学历提升来满足。

思政教育与心理疏导协同育人机制构建需要打通思想政治教育与心理疏导中的壁垒，让思政课教师多懂得一些心理疏导的方法；让心理疏导的教师能够从思政理论的高度帮助大学生解决根本性问题。在高校思政教育工作者的共同努力下，大学生的心理健康问题才能够得到重视，协同育人机制构建才能朝着精细化、专业化的方向发展。

第六章　高校思想政治教育
协同育人机制分析

本章为高校思想政治教育协同育人机制分析，分别从四个方面进行阐述，依次是思政课与其他课程须建立协同育人机制、高校辅导员与专业教师协同育人机制构建、大学生党建与思想政治教育协同育人机制、家风建设与高校思想政治教育的协同育人机制。

第一节　思政课与其他课程须建立协同育人机制

一、"课程思政"内涵

2016 年 12 月，习近平总书记在全国高校思想政治工作会议上指出："思想政治理论课要坚持在改进中加强，提升思想政治教育亲和力和针对性，满足学生成长发展需求和期待，其他各门课程都要守好一道渠、种好责任田，使各类课程与思想政治理论课同向同行，形成协同效应。"习近平总书记的讲话不仅表明了对课程思政教学改革的重视，也体现了对"课程思政"教学理念的赞同，为今后高校进行课程思政教学改革工作提供了基本遵循依据。

在全国高校思想政治工作会议结束后，各高校积极响应"课程思政"的教学理念，转变教学思路，调整教学模式，开始对高校课程思政工作的改革路径进行探索，相关学者也开始对"课程思政"的教学理念进行探究，针对其内涵进行了不同的界定。要厘清"课程思政"的相关内涵，首先需要分清"思政课程"和"课程思政"两者的区别。一般来说"思政课程"是指高校为对大学生进行思想政治理论教学而开设的所有具体课程的总和，包括"马克思主义基本原理"课、"毛泽东思想和中国特色社会主义理论体系概论"课、"中国近现代史纲要"课、"思想道德与法治"课和"形式与政策"课等，有些学校也将一些实践教育活动列入思政课程的范围。同思政课程相比，"课程思政"则是以各学科课程为载体，深入挖掘各专业课程中蕴含的思政元素，使各类专业课程在教学中突出价值观引导，实现课程教学的育人功能。综上，可以将"课程思政"的内涵界定如下："课程思政"始终坚持以马克思主义理论为指导，将思政元素融于各类课程的教育教学当中，以课堂为平台对高校大学生进行思想品德教育，为国家和社会培养德才兼备、全面发展的人才。

二、"课程思政"与"思政课程"的异同与协同分析

（一）"课程思政"与"思政课程"协同育人的异同

思政课程与课程思政的根本目的都是培养学生的"三观"，让他们从大学时代就形成正确的价值理念和精神信仰。在协同育人这个问题上，每门功课所发挥的作用都和思想政治教育课不相上下。因此，要对两者的异同进行明确区分，其相同点主要表现在三个方面：第一，两者承担着相同的教育任务，在对人才培养方面也有着一致的方向，都是在为"立德树人"服务；第二，两者有着相同的教育方向，都坚定不移地贯彻社会主义办学理念，而且其育人功能也没有差别；第三，两者有着相同的教学目标，他们都在思想政治教育体系中占有重要地位，虽然当前在推行教育改革，但是其重点并不是对思想政治理论课程进行弱化，也不是将思政内容生硬地添加到专业课当中，而是要实现专业课和思政课的同向而行，最终达到协同育人的效果。两者之间的差异主要体现在三个方面：第一，两者的教学内容有着不同的重点。思政课程主要是对学生进行思想政治教育，这是一项专业性很强的教育任务，侧重于对学生进行价值观念的引领和塑造，课程思政存在于课程知识体系当中，是其中最为重要的组成部分；第二，两者虽然都致力于思想政治教育工作，不过各有分工，思政课程是具体教育工作的主渠道，发挥的是模范带头作用，专业课程则是思政教育的辅渠道，是对主渠道的有效补充；第三，具体的教学形式各有差异。思政课是一种显性教育形式，而课程思政相比较而言就更加含蓄和隐性，将有关思想政

治教育的知识点巧妙地融入专业课教育当中，对学生进行潜移默化的教育和影响，一点一滴地树立学生的信念，让他们可以形成正确的世界观、人生观和价值观。课程思政将教学的重点放在课堂之上，以正面督导和教育的方式为学生进行传道授业解惑，让其既学到了知识，也得到了正能量的熏陶，这可以帮助学生健康成长。

（二）"课程思政"与"思政课程"的协同

要想协调好思想政治理论课与其他课程之间的关系需要注意三个要点。

第一，消除学生在主观方面的误区。在日常的教学过程中，很多老师和学生并没有认识到思想政治理论课程的重要性，认为其没有现实意义。其实，这主要是因为师生对思想政治课的重要性认识不足。其实我国的思想政治教育涵盖的内容非常广泛，涉及中国的历史与现实，也从上下五千年传统文化中吸取了很多精华，同时能够符合社会主义现代化发展方向，是被无数实践证明过的真知灼见。这种教育源自意识形态，有着科学的理论做指导，也有明确的教育目标需要达成。对当前的课程设置进行分析可以知道，我国高校思想政治教育课程的设立是为了帮助学生拓宽视野，了解到国内和国外的发展大势，掌握人类发展的普遍规律，同时提升自身的道德水准和素养水平，可以点亮理想的灯，将未来要走的路一并照亮。因此，我们要通过思政课对学生加强引导，让其从根本上认识问题。

第二，思政课的教学质量需要提升。当前，有些高校的思政课开得较为古板和传统，没有很强的针对性，所以无法激发学生学习的主动性，最终效果也是不尽如人意。青年学生普遍年纪较轻，他们不太容易理解各种政治理论，也不明白这些理论背后隐藏的真实力量。如果课业负担较重，他们自然而然地会去学习自己的专业课。所以思政课老师的教学积极性也一直比较低。

第三，协同育人机制不够完善。高校开展思想政治工作其实具有很强的复杂性，虽然课堂教育必不可少，但是不能仅仅依靠这一个渠道，还要完成和其他渠道的相互配合，多管齐下，才能达成效果。具体到高校的工作中，思政课的开展其实可以和诸如宣传部、学工部等保持联系，不过因为受到各种因素的影响，真正的协同育人机制还没建立起来。

三、"课程思政"与"思政课程"协同育人的意义

（一）实现课程育人功能

2017 年 2 月，教育部颁布了《关于加强和改进新形势下高校思想政治工作的意见》，在这份意见中突出了思想政治教育工作的价值和作用，指出在新的历史条件下，将积极发挥课程教学的作用，打造坚实的思想文化阵地，全力搞好思想政治教育工作。2017 年 12 月，我国颁布了《高校思想政治工作质量提升工程实施纲要》，该文件明确强调了提升高校思想政治教育工作质量的重要性，指出在现阶段应该健全育人体系，加强思想政治教育改革力度，将专业课程中所蕴藏的思想政治教育元素充分挖掘出来，在实际授课过程中，这些要素也应该成为教师授课的重要知识点。[①]2019 年 8 月，《关于深化新时代学校思想政治理论课改革创新的若干意见》正式颁布，该文件提到，教育的根本目的就是"立德树人"，所以教师需要对教育过程中的德育资源进行挖掘和提炼，并将其和专业课程融合在一起，这样，教师可以在上课的过程中同步开始对学生的价值理念进行引导，在课堂上打造一个较为完善的协同育人环境，帮助学生在提升专业知识和技能的基础上，同步提升价值理念和思想水平，让其成长为全面发展的综合型人才。[②]2020 年 6 月，教育部颁布的《高等学校课程思政建设指导纲要》强调了高校培养人才能力的内容，指出课程思政需要做好部署工作，打造健全的工作体系，要求教师对教学内容进行梳理，根据实际情况融入课程思政元素，以潜移默化的方式对学生进行教导。在育人方面，只讲授专业知识其实并不完整。

关于这一点爱因斯坦也有过阐释，人们都认为科学是非常伟大的，不过科学告诉人们的不外乎是"世界是什么"，在人们搞懂了这个问题之后，接下来更重要的问题就是"到底该如何去做"。这就上升到了价值观的层面，如果有

---

① 教育部党组. 高校思想政治工作质量提升工程实施纲要 [Z]. 教党〔2017〕62 号.
② 中央办公厅，同国务院办公厅. 关于深化新时代学校思想政治理论课改革创新的若干意见 [EB/OL]. 新华社，[2019-08-14].

- 174 -

理想信念进行指引，那么回答起来就更加容易。学生掌握各种科学文化知识，其实最终就是要为人类发展和社会进步做出贡献。学生在踏上社会之后，不仅要成为专业领域的佼佼者，而且要成为一个具有和谐性、能够和周边社会、他人，甚至是自己和睦相处的人；可以将自己的专长发挥出来，为社会主义建设贡献自己的力量。高校在人才培养方面不只有传授知识这一项任务，还要帮助学生做好价值引领工作。具体到课程思政工作上，第一，这项战略举措的根本目标就是完成立德树人；第二，这也是一项必须完成的教育任务，要对学生进行全面培养；第三，作为一种教育方法，课程思政可以实现专业课程和思想教育的有机融合，在高校内打造全范围的育人格局。

（二）实现教育"教书""育人"目标

"课程思政"并非横空出世的新鲜词汇，而是教育内涵的一种体现。其实在高校教育当中，每门功课在传授知识的同时都兼具对学生进行思想政治教育的功能，需要帮助学生端正思想意识，树立正确的"三观"。教育的本质含义有两个：一是教书，二是育人。所以高校的所有课程，其中都包含两部分内容：一是课程知识，即为学生传授专业知识；二是课程思政，也就是对学生进行价值观念的引导。这是一种知识与价值的融合，是所有课程都应该具备的两个功能，教书与育人可以实现完美融合也正是基于这个原则。

课程知识的侧重点放在"教书"上，而课程思政的侧重点则不同，它是以"育人"为主要目标。两者之间存在着互为补充的关系。第一，两者有着千丝万缕的联系，不管是在时间还是空间上都能够保持密不可分的联系，尤其是在教学过程中，两者都是相伴相生的；第二，两者之间也存在着相对独立性，他们各自有着不同的功能，兼具的属性也各有特点。"课程知识"的侧重点主要放在对知识体系进行构建和讲解上，这是对课程自然属性的一种体现，而"课程思政"则不同，其情感色彩更加浓郁，主要是对学生进行价值观念的塑造和引导，更偏重于社会属性。教育是关系到国计民生的重大事宜，正是因为有了教育，才能为国家培养各种各样的专业人才。在新的历史时期尤其如此，只有重视教育，在进行知识传授的同时不忽视对学生的价值引导，才能帮助学生树立正确的价值理念，让他们健康成长，在进入社会之后才能做出更大的贡献。

（三）实现学生"工匠精神"的培养

"思政课程"和"课程思政"协同育人的总体目标是培养大学生的工匠精神。工匠精神是职业素养和道德素养的总称，工匠精神推动高校的老师和学生不断地创新，工匠精神中的每一个品质都是高职院校的学生必须具备的，尤其是工匠精神中的爱岗敬业品质，工匠精神中精益求精的品质促使高职院校的学生不断地奋斗，因此高职院校的学生为了提升自己的职业素养和道德素养，应依照工匠精神对自己严格要求。

（四）实现协同育人的时效性

为了更好地发挥课程思政的价值，那么就需要将课程思政与课程体系协同构建，伴随着高等教育的大众化发展，并且持续深化，有部分高校出现了思政教育和专业知识教育脱离的情况，最后导致思政教育因为没有实现协同育人的目的，所以思政课程教育工作的实效性没有得到更好的发展，实效性没有得到提升。课程思政教育要想实现协同育人的目的，靠单一的课程是不能够实现的，要想实现课程思政协同育人的目的，就需要利用课程体系的合力发展，利用课程体系的合力效应。换一种说法，课程思政需要将课程体系作为依托，利用课程体系中的课程分工以及配合来体现课程思政和课程体系的协同育人机制，充分发挥课程体系的价值，充分发挥课程思政的教育价值，这样就可以实现协同育人的目的。

目前，有一部分的老师更加注重专业知识的教育，忽视了思政教育的价值，轻视了思政课程的价值，忽视了对学生"德"方面的教育，减少了对学生价值观的塑造，尤其是有一部分工科专业的老师和学生，出现了一种奇怪的看法，他们认为自然科学和价值观念没有关系，显然这一看法是错误的，德育是必须重视的，任何专业的学生都需要进行思政教育，都需要进行价值观的塑造。同时教育者需要意识到每个专业都需要将专业知识和课程思政协同，将价值的教育渗透到专业教育中，正确的价值观是每个大学生都必须拥有的精神品质。然而，学生的政治素养和文化素养和高职院校的课程体系有着很大的关系，这不是依靠思政课程这一单一课程能够实现的。课程体系当中的各种课程都对育人有着很大的价值，但是只有课程体系与课程思政相结合，合力发展，将合力效应发挥到极致，这样才能够落实育人的目的。

四、实现"课程思政"与"思政课程"协同育人路径

2020年6月，教育部印发了《高等学校课程思政建设指导纲要》，[①]这份纲要对"主战场"和"主渠道"进行了重点强调，指出应该充分发挥课堂教学的作用，在专业课程中适当增加思想政治教育的内容，帮助学生强化信念，端正态度，树立正确的世界观、人生观和价值观。课程思政在整体教育过程中发挥的是隐性作用，强调的是"润物细无声"，希望可以潜移默化地对学生产生影响，具体涉及的维度有以下几个。

（一）思政育人元素融入要合理

1.思政育人元素的选取与课程知识点要契合

思想政治内容包罗万象，还可以将具体的内容进行进一步细化。如果想要将每门课程的育人功能都充分发挥出来，那么教师就要结合实际情况对思政内容进行合理删减，可以留存的知识点就留存，需要删除的就删除。在将思政元素融入知识点时，需要结合学生的实际情况，要知道，学生的理念需要有一个慢慢成熟的过程。学生所处的年龄段不同，思政教育也要因材施教，小学有小学的教学重点，大学有大学的教育内容，所以开展思政教育要从学生的实际情况和接受能力出发，结合学生的具体情况使他们的精神需求得到合理满足。可以对现有的思想政治教育内容进行分级，在教学过程中根据学生的接收情况进行教育，帮助他们树立正确的"三观"，努力提升自身的道德修养和认知水平，为其成长为全面综合型人才打下坚实的基础。

在具体的分级设计时，不能主观臆断，不能全凭想象，要坚持从实际出发，

---

① 教育部.关于印发《高等学校课程思政建设指导纲要》的通知[EB/OL].[2020-05-28].

和课程知识保持一致，课程知识进行到哪个阶段，课程思政也要及时跟进到哪个阶段。只有这样，才能保证两者的有机统一。课程思政要围绕课程知识展开，不管是方向性还是目标性都要保持一致。进行课程设计时要考虑到学生的实际情况和教学需求，认真细致地挑选教学素材，再以先进科技手段将这些素材呈现给学生，让学生在潜移默化中受到影响和教育，体现课程育人的教学意义。

2. 思政育人元素的挖掘应考虑学科分类

思想政治教育工作和立德树人教育一样，不可能在短期之内一蹴而就，这是一个需要长期坚持的工作，要在一点一滴的积累中取得成效，要让学生在润物细无声的滋养中感受到信念的力量，不断提升自身的道德修养，升华自己的品德情操。从这个意义上来说，思想政治教育工作在引领学生价值理念方面起着举足轻重的作用，而且能够和其他专业课同向同行，取得良好的教育成果。

总体而言，思想政治教育工作的发展呈现的是一种螺旋式的上升趋势。融合专业课程当中的思想政治教育内容并不是凭空生成的，也不是理论中生硬地推导而来，这些理论源自生活、源自实践，是在知识和实践相结合的过程中被挖掘出来，是在实践的前提下逐步形成的逻辑理论。高校教育所涉及的思想教育元素是传承至今的历史积累，同时又能符合时代发展的现实需求，是理论联系实际的产物，能够将情和理巧妙地融合在一起，可以做到因势利导，也能做到与时俱进。学校具体到教育内容方面要审时度势，根据实际情况进行灵活调整。每个学科的特点和属性各不相同，所以在融入思想政治教育内容时也不能千篇一律。

2020 年，教育部颁布了《高等学校课程思政建设指导纲要》，这份纲要对学科专业的特点进行了阐释，共计分成七个类别，各个专业都有着自己的人才培养目标，所以在开展思想政治教育时也有着自己的斟酌和考量。教师为学生进行思想政治教育，不是对爱国情怀的一种简单的重复，而是要在科学精神的指引下，围绕具体的素材展开教学，让学生对自己所要承受的责任有深切的体会。所以在教学素材的选择上就要格外谨慎，比如英雄事迹、历史典故等都可以列入教学范围之内。尤其是今年因为疫情而涌现出的很多值得称道的感人事迹，医护人员在抗疫一线的无私付出等，可以对学生进行教育，这也体现了对自然的尊敬和对人生的珍惜，通过这样的教育，可以激发学生的爱国热情，也能够达到教书育人的效果。

（二）思政育人效果要实现知行合一

高校开展思想政治教育要求学生可以做到"入耳""入脑""入心"，除此之外还要做到"入行"，让学生能够以积极的态度接受各种思政知识，并落实到行动当中。课程思政教育的开展要考虑到学生的接收情况，让其在学习知识的同时还能提升自己的价值理念和道德水准，真正意义上做到知行合一。

通过"行"，学生对"三观"会更加认同。他们会主动参与到学习当中，并以理论来指导实践。这里提到的动静适配涉及两方面内容。

第一，将共性和个性有机结合起来。任何事物的发展，所体现的都是共性和个性的统一。具体到思想政治教育工作上，价值取向要坚决保持一致，同时允许个体存在一定的差异性。高校开展课程思政教学，就是要坚持共性与个性的有机统一，在保证价值取向一致的前提下，对个体的差异性表示尊重。第二，将课堂上的"静"和课外的"动"有机结合起来。实现课堂和课外的联动发展，打造"互联网+"平台，调动起老师和学生的主观能动性，坚持理论和实践相结合，让思想政治教育工作既出现在课堂之上，还能用以指导课外实践。所以专科课程在与思政内容相融合时，要坚持将上述原则一一落实，唯有如此，课堂教育"主渠道"的作用才能发挥得更加充分，最终的教学效果才会更加明显。

总之，思政课与其他课程共同构建协同育人机制，主要通过以下四个方面来进行。

第一，构建行之有效的引导机制，需要自上而下来完成。要想实现协同育人，目标一定要保持一致。不过从实际教学中可以发现，很多教师对育人责任没有清楚的认识，在他们看来，他们的工作就是把自己的专业课讲好，大家做好自己的工作就可以了，如果增加了"思政"的内容，那就是自己需要额外完成的工作。关于这种认知，校党委要引起足够的重视，相关部门要通力合作对教师进行引导，可以通过开设"课程思政"的专题讲座来提高教师的认知水平，让其从思想上达成共识，进而在自己的课堂中完成相应的"思政"任务。

第二，要保证工作合作机制的常态化运行。其一，积极推行教学设计合作，可以邀请思政课教师参与到其他专业课程当中，为课程增加更多的思政元素。而思政课老师也可以选择更为适合的思政内容增加到课程讲解过程里，和专业课教师携起手来，打造一个多元素融合的教学资源库。其二，在教学过程中开展密切合作。思政课教师和其他专业课教师之间的关系密切了，老师们可以互相旁听，互相给出意见和建议，这样能够共同进步，稳步提升教学质量。其三，积极完成教学研究与合作。如果学科之间可以逐步融合，那么相关的研究项目就可以互相参照，在沟通与交流增多的前提下，想要合作就更加容易。此外，教学实践的合作也不能放松。当常态化的工作合作机制建立起来之后，要密切结合老师之间的关系，在日常专业课的开展中增加更多的"思政"元素，为思政育人工作的展开做好铺垫工作。

第三，打造明确的奖惩机制。积极推动思政课堂转化为课程思政，其中最为关键的决定性因素就是任课教师。教师愿意在这个方面投入多少将会对教学质量产生极大的影响。所以，学校要推动思政课与其他课程的有机融合，打造奖惩机制，充分发挥制度的约束作用。如果教师在思政教学过程中投入很多，具有创新意识，那么可以在升职加薪、评优评先等方面多多进行照顾，通过榜样的作用引导更多的老师在这个方面贡献力量。

第四，打造科学的监督管理机制。如何对课程思政进行推动，怎么保证实际效果，监督机制如何落实，这都是需要直面并解决的现实问题。所以高校应该积极采取措施，打造各种体制机制，为课程思政的发展保驾护航，各级领导应该予以足够重视，组成专门的指导小组；重视投入，加强改革力度；按照国家要求建立重点项目小组，让其起到榜样作用。总体而言，开展思想政治工作需要做到四点：一是政策支持，二是整体谋划，三是重点培育，四是逐步推进。

（三）课程呈现方式要合理

在进行思想政治教育时，要注意各种要素所具有的显性或是隐性影响，在进行教学设计时应该多加留意。思想政治教育是一个具有很强主动性和内化性的教育过程，而不是传统教育所使用的"填鸭式"教育方法。因此教师在教学过程中，不能将收集到的思政教育元素生搬硬套到专业课程当中，或是对学生进行直接的灌输，如果按照这种方法开展教学工作，那么思想政治教育和课程知识依然无法融合到一起，还是"两张皮"。从本质上讲，好的思想政治教育是在课程知识的基础上对其进行提炼与升华。比如，物理老师在上课时，既为学生讲解了各种物理原理，又传达了物理学家们在探索知识的领域孜孜不倦的奋斗精神，这样学生既能够更加全面地了解客观世界，夯实物理基础，还能提升自己的精神境界。教师的这种融合不着痕迹，但是取得的效果却非常好。

（四）课程知识融入要适量

对高校专业课中的思政元素进行深度挖掘不是在专业课中盲目增加思政元素，而是要实现专业课知识点和思政元素的优化配置，不能顾此失彼。保证思政课元素巧妙地融入基础课程之中，可以对学生产生潜移默化的影响，让其思想水平和道德修养得到提升。在这个过程中，并不是要将全部的知识点都机械地囊括在思政教育过程当中，而是要根据课程的特点进行整体把握。将适量原则切实落到实处，把握好其中的"度"。就好比把盐撒进汤里一样，太多就会影响菜肴本来的味道，只有做到适量，才能够锦上添花，保证好的教学效果。

（五）课程教学环节要明确

课程思政要坚持一切从实际出发，遵循各种教学规律，按照既定的原则将各种课程知识点融入教学环节当中。其实，高校课程的教学环节主要涉及四个方面：第一，课堂讲授，也就是比较正规的上课方式；第二，课堂训练，也就是老师为学生布置作业；第三，针对课堂教学进行的延伸；第四，课堂教学管理。所以将课程思政融入教学环节当中，不是只融入课堂讲授那么简单，而是要在课堂的每个环节都融入课程思政的内容，让其贯穿课程教学的始终。需要注意的是，思政元素和课程教学的融合要保持均衡的原则，做到疏密得当，需要对课程体系进行全面把握，不能某个环节任务很重，而另一个环节则任务很轻。课堂教学在思政教育中的地位固然重要，但是也不能因此就忽视了课外联动，需要充分发挥校外资源的力量，实现家庭、学校和社会的多方联动，这样每个环节都能衔接起来，才能更好地将教学环节的作用都发挥出来。

（六）课程教育手段要更新

当前时代对教育又提出了新的要求和规定，所以高校思政教师在进行思政课程教学的过程中，要多采用现代化的教育技术和手段，并积极地与其他专业课程的教师进行沟通和交流，引导其他教师使用相应的现代教育技术来实现课程思政教育，进一步提高协同育人的效率和质量。在进行协同育人的过程中，高校思政教师和其他课程的教师可以利用教室内的多媒体设备来创设相应的情景，营造良好的课堂氛围，并将学生带入到相应的情境中去。比如，其他课程的教师在将思政内容引入到课程教学的过程中就可以利用多媒体设备来创设相应的情景。除此之外，高校思政教师和其他课程教师还可以通过互相的沟通和交流来布置一些具有专业特点和思政教育观念的学习任务等。比如，师范类专业的教师在引导学生学习教学方法的过程中，可以让学生通过自主探究和设计来将思政教育相应内容融入自身的教学设计当中，培养学生的跨学科教学意识。而美术专业和音乐专业的教师可以引导学生通过艺术作品来展现出社会主义核心价值观，教师可以先确立相应的主题让学生进行创作，端正学生的价值观念，进一步开发各个专业课程中的思政内涵，更好地挖掘协同育人所需要的教学资源。

（七）保障机制要完善

要想让高校思政课程与课程思政协同育人模式得到有效的贯彻，就必须要建立完善的保障机制，确保协同育人模式可以得到应有的保护和重视。在完善保障机制的过程中高校领导层和决策部门要从三个方面进行分析与考虑。这三方面包括协同育人模式的会议培训探究，教学资料保障，以及教育团队水平的提高。在这一过程中，高校领导层面需要进行充分的考虑和分析，制定合理且科学的教学保障机制，尤其是在丰富教学资料和探究育人模式两方面，需要学校重视并加大投入。在丰富教学资料的过程中，高校要注意有利于思政教育资料的引进，确保这些资料可以帮助教师和学生完成相应的思政学习。同时，高校方面也要注意，要定期通过会议探究和培训活动等模式来研究协同育人的策略。另外高校方面还要重视教师队伍的提高和培训，整合优秀教师资源，提高思政教学水平。

第二节 高校辅导员与专业教师协同育人机制构建

一、高校辅导员与专业教师协同育人的特征

（一）工作对象和目标的同向性

在高校当中，不管是辅导员还是教师，都需要为大学生传道授业解惑，帮助大学生很好地成长。高校开展思想政治教育工作需要充分发挥辅导员的积极作用，他们是专职学生工作队伍中的生力军，是开展教育的重要支撑力量，其工作职能包括以下几点：一是对学生进行心理辅导；二是提升学生的思想认知与道德水平；三是处理各种日常事务。专业教师则是更多地在专业方面对学生进行辅导，帮助他们架构专业的知识体系，提升他们的专业素养和能力。两者在立德树人方面目标一致，价值相当。

（二）工作场域和分工的互补性

辅导员和专业教师虽然同样在进行人才培养，不过其侧重点各不相同。辅导员更加关注的是学生的身心健康和道德水平，其工作的主要场所是班团活动或是各种社会实践场地，属于第二课堂。专业教师则不同，他们的主要工作是为学生传授理论知识，提升他们的实践能力，其主要的教育场所就是课堂。虽然两种方式功效不同，不过在育人体系中的地位同等重要。而课程思政可以将第一和第二课堂有效衔接起来，实现辅导员和专业教师的优势互补。

（三）工作方式与方法的互鉴性

随着时代的发展和工作对象的变化，辅导员的工作也会发生很大变化，因

此需要具有创新意识。辅导员需要把握时代发展趋势，将新媒体引入到教学过程当中，选择学生可以接受的方式对学生进行思想引导和教育，帮助其更加健康地成长。这种教育方式比较显性，属于感性层面。相比较而言，专业教师就更加理性，他们严谨的工作方法和孜孜不倦的教学态度可以对学生产生影响，这种影响更加隐性，不过作用却很明显。课程思政的存在使辅导员和专业教师之间的关系更加密切，引导其不断耦合、同向同行。随着课程思政的逐步落实，原先教书与育人之间的鸿沟逐渐被填平，各种教育理念也被融合到知识教育当中，非常符合当前高校思想政治教育的本质要求。所谓协同育人指的是随着教学环境的改变，会出现很多新的序参量，而各项育人要素之间应该密切配合，实现教育资源的有效配置，这是一个健康运行的有序结构。有了课程思政的推动，专业教师和辅导员可以开展工作协同。

（四）辅导员应该尽职尽责

正是因为有着自己的工作职责，所以辅导员应该积极推动实现工作协同。辅导员所面临的工作内容非常庞杂，要想保质保量完成各项工作其实有着很大的难度，而且也不能对工作质量进行保证。2014 年，《教育部关于印发〈高等学校辅导员职业能力标准（暂行）〉的通知》中，将辅导员的职业能力进行了三个等级的划分。[①] 这也可以确认辅导员的工作价值，初级辅导员主要负责处理各项日常事务，而高级辅导员则要指导学生制定自己的职业规划，准确把握思想工作发展规律，这是能体现辅导员工作能力的一种标准划分。而辅导员就是要不断提升自身能力，推动管理教育和教书育人的有机融合，才能达到更好的教学效果。

专业教师需要逐步提升自身的课程思政能力。因为教师在这方面的水平会直接影响教育效果。如果能够和辅导员协同起来，可以对思政教育的内涵进行升华，帮助学生更加深入地理解思政的内涵，教师在这个方面的积极性和主动性也就更强。可以协助专业教师更好地对思政教育的时代背景、发展脉络以及

---

① 教育部关于印发《高等学校辅导员职业能力标准（暂行）》的通知 [EB/OL].[2021-10-12].

现实意义进行把握，了解不同时期的相应情况，真正意义上做到"守渠种田"。

　　教师需要对思政教育的实施效果进行有效提升。在辅导员和专业教师的教育过程中，需要重视加强思政课的目的性，提升亲和力，他们的工作其实是互融的，都属于"三全育人"中不可或缺的部分。思政理念是带有实效性的时代课题，需要长期的探索和研究才能把握，其中需要合理的设计、多方资源的参与，而辅导员的主要作用就是完成"显性思政"教育工作，这也需要很多资源参与进来进行统筹与配置。

二、高校思政理论课教师与辅导员协同育人的意义

（一）有利于提升思政课教师工作队伍的综合素质

　　长久以来，高校中存在思政理论课教师与辅导员各自为政、互不往来的情况，两者分属不同的职能部门，业务协同具有现实障碍，业务交叉较少、交流不多，因此出现两支队伍两张皮的情况。同时，由于固有观念的偏见，两支队伍长期缺乏角色认同。根据调查，很多思政课教师认为辅导员是"一线管理员"，缺乏对辅导员工作的了解，以及对辅导员工作的角色认同，认为他们仅仅只是学生工作的管理者和服务者，对辅导员角色存在偏见，也不愿意担当辅导员工作。而很多高校辅导员认为很多思政课教师仅仅是课堂管理者，上课内容往往空洞乏力，对学生不够了解，对学生进行思想政治工作缺乏说服力和有效性。

　　一方面打造高校思政理论课教师与辅导员协同发展，有助于思政理论课教师打破偏见，担任班级兼职辅导员或者班主任，加强对辅导员队伍的角色认同。同时，思政课教师在深入学生的一线工作中，应主动去亲近学生、关爱学生，帮助学生，了解学生的所思所想，帮助学生解决困难，尤其是关注班级里的特殊学生、困难学生。思政理论课教师在协同育人的实践中，应根据不同班级不同专业的学生制订不同的学习计划，完善思政理论课教学内容，创新教学方法，进一步提高思政理论课教学效果。这样，思政理论课教师促进了自身教学能力的提升，同时进行教育教学改革，进行教学研究，也促进了教育科研能力的提升，拓展了育人空间。

　　另一方面，高校辅导员往往来自不同的学科专业，有着不同的学科背景，

并且部分辅导员学历不高、专业知识不够扎实。高校辅导员与思政理论课教师协同育人的实践，有助于高校辅导员改善学生管理水平，提高政治站位。尤其是对于辅导员教师队伍中的优秀分子，可以纳入思政课教师队伍中来，辅导员上思政课，增强了思政课的实践性。同时也有助于辅导员转变观念，更新学习观念，促进辅导员队伍的职业规划，促进其长远发展。

（二）有利于形成学校"大思政"格局

大学是实现大学生立德树人目标的主阵地。高校思政理论课教师是实现立德树人根本目标的主力军，而高校辅导员肩负着对大学生进行思想道德建设的主要任务。因此思政理论课教师和高校辅导员在工作目标上具有一致性，扮演的育人角色具有相似性。并且高校思政课教师与辅导员在育人领域发挥着同样的功能和作用。这些决定了两支队伍在最终目标上具有同一性，在工作内容上具有互补和互融性，在工作方法上具有互补性和互鉴性。因此高校将两支队伍整合在思政育人大格局中，践行同向同行的工作基调，将学生的思政理论课与日常思想政治工作结合起来，促进校内校外、课上课下、线上线下，将思政教育融入大学生生活学习的方方面面。思政理论课教师与高校辅导员互相配合，共同发力，实现思想政治教育全员参与、全过程参与和全方位参与，共同构建高校"大思政"格局，可以为高校实现立德树人的根本任务打下坚实基础，为培养新时代德智体美劳全面发展的社会主义建设者和可靠接班人贡献力量。

（三）有利于提升高校育人效果

高校辅导员工作侧重于学生的日常管理，对学生进行日常思想政治教育；而思政理论课教师承担大学生思想政治课程，负责讲授理论知识，往往对学生生活缺乏了解和关心；学生存在反感思政课的现象，一提起思政课就是"讲大道理""洗脑"，对思政课产生厌烦、逃避心理较为常见。构建思政理论课教师与高校辅导员同向同行机制，提升两支队伍的协同育人观念，让一线思政理论课教师深入学生实际，到学生身边去，进寝室、访社团、与学生共上专业课、参加班级活动、参与班级日常管理工作，这样让学生真正感到思政课不再是枯燥、空洞和"远在天边"的课程，而思政课理论教师也在学生心中变成了可亲可敬的形象。思政课教师与辅导员通力配合、优势互补，共同管理班级，加强对班级的教育，可以帮助学生树立正确的观念，形成良好的道德风尚。长此以往，对于加强学校思想政治教育具有重要作用，以此提升育人效果，最终实现立德树人的根本目标。

三、高校辅导员与专业教师协同育人的现实困境

首先，认知水平较低使得相关意识提升不起来。专业老师通常会将更多的精力放在自己的专业上，却没有意识到思政课的重要性，理解不了其内涵与价值。在很多教师看来，思想政治教育就是任课教师和辅导员的工作。其实，课程思政理念是贯穿在整个教育过程当中的一种理念，专业老师不能受到传统思想的影响，而是要自觉主动地担负起这个责任，积极顺应时代发展潮流。对辅导员来说，他们需要处理的事务性工作非常繁杂，比如管理班级、为学生进行心理辅导、帮助学生完成职业规划等。这些工作较为细致，久而久之，辅导员的思维也会变得程式化，不能以理性的思维来通盘考虑全局。他们可能认为，课程思政就是属于专业教师的工作内容，在这种理念的指引下，他们工作格局就不会太宏观，会出现这样或是那样的疏漏。总之，辅导员不能深入理解课程思政的理念，也无法与专业教师携起手来共同进行协同育人。

其次，工作能力不足，教学效果不理想。课程思政在很大程度上考验了专业教师的实际能力、道德水平和把握现代信息技术的水平。在新的历史条件下，专业教师需要具备多重素质，能够完成课程建设、可以实现人才培养，这是教师专业能力的一种体现，不过从现实情况来看，很多教师年纪尚轻，在思想政治工作方面较为生疏，也需要承担很重的科研任务，所以在教学设计以及评估方面就显得力有不逮，能力不足的情况比较明显。再有，辅导员要胜任本职工作也需要有专业的能力做支撑，不过他们中的很多人经验较少、阅历欠缺，不管是理论基础还是理想信念都不够充足，总体而言也是能力不足。

在这样的情况下，辅导员和专业教师的配合起不到应有的作用，思想政治工作无法顺利推进，甚至还出现适得其反的情况。

最后，机制存在不合理之处，使得合力发挥不出来。要想高效推进课程思政，不能只以教师的自觉主动为主，还要在高校内部建立完善而健全的工作体系，对当前的制度进行合理优化。理论上讲，不管是专业教师还是辅导员，都属于思政工作开展中必不可少的教育资源，不过，因为他们分属不同的管理体系，各自的考核标准也各不相同。所以，他们都在按照自己的工作路线开展教育工作，长此以往，教育资源得不到合理优化配置，很多信息沟通不畅，无法实现优势互补，学生工作和教学工作做不到协同一致，教育合力就无法实现。现阶段，高校开展思想政治教育已经有了明确的目标和方向，所以应该积极推动内部改革，保证体系内部的顺畅运行。

四、高校辅导员与专业教师协同育人的路径选择

（一）引导辅导员与专业教师树立育人理念

学校要在整个教学过程中融入思政教育理念，在全校范围内进行最广泛的宣传，让广大师生对此达成共识，不过要真的在实践中实现这一目标，其实还是任重而道远。很多老师长期以来已经习惯了自身的岗位角色，他们理解不了课程思政和自己有什么关系，在立德育人方面也是知之甚少，所以需要对教师的认知水平进行有效提升。高校要做好宏观统筹，坚持从实际出发，将协同育人的观念普及给广大教师。充分利用各种情景开展思政教育，让教师真正意义上认识到"守渠种田"的重要性，明确自身责任，改变以往"条块分割"的思想意识，坚持做到协同配合。对于广大教职员工来说，立德树人是他们应该共同直面的现实任务，也是他们的历史使命，所以开展多部门的协同联动就非常有必要。高校思政教育的开展需要辅导员和专业老师的通力合作，这是新时代教书育人的必然选择，也是高校育人体系中不可或缺的一个部分。

（二）健全当前协同育人的制度设计

只有高校打造健全的制度体系，才能很好地将辅导员和专业教师联系起来，打造优质的协同育人格局。第一，需要在学校内部制定宏观战略和发展策略，在高校内部管理体系中增加课程思政的内容和目标，特别是学工部和教学管理

两个部分，需要设定共同的发展目标，齐头并进，协同发展。第二，在考核方面要突出育人实效这个重点，保证评估机制的合理性，建立明确的奖惩机制。要将学生工作和教学工作两个部分有机联系起来，打造完善的制度体系，解决不同序列考核指标不一致的情况，将各级教师的工作积极性充分调动起来。第三，要对教学管理制度进行细化与明确，对教师的课程思政职责进行明确，打造系统的研讨机制，在工作过程中多多沟通与交流，年终做好总结与展望工作，尽可能地保证资源优化配置，消除信息不对称的情况，将合理育人的理念在真正意义上落到实处。

（三）融合协同育人的理论和实践

整个课程思政是个动态运行与发展的理念，需要各种教育资源进行系统整合，在这个过程中，教师的教学能力也能得到显著提升。这也需要教师以积极的态度投入到这项工作当中，认真学习马克思主义理论，实现思政理论和专业知识的有机融合。辅导员的主要工作就是指导学生开展思政实践，不过有些辅导员也会兼职有关思政的授课工作。在这样的情况下，实现两个队伍的协同合作其实更加容易。学校要设立专门的科研项目，从理论合作入手，逐步提升辅导员和专业教师的思想政治理论水平；充分把握建构思政案例库的发展良机，使得辅导员和专业教师在教学实践方面的关系密切，健全当前的教育体系，实现资源优化配置，保证思政实践能力的稳步提升。而课程思政也要对各种可利用的资源都予以重视，创造条件吸纳更多的时代发展元素，按照学生的喜好对当前的教学内容进行优化，让课程设置更具吸引力，将课堂教学和日常管理巧妙地融合起来，在这样的设置下，辅导员对思政课也会产生浓厚的兴趣，那么再进行教育指导也就更有针对性。

（四）建立协同育人的工作平台

高校思政理论课教师属于马克思主义学院或基础部管理，高校辅导员属于学生处职能部门管理。两支队伍属于不同的职能部门，两者之间的交流与合作具有无法回避的现实壁垒。同时在工作性质、分工职责和领域等方面，两者存在着差距。构建高校思政理论课教师与辅导员协同机制，必须打破现实壁垒，理顺辅导员和思政理论课教师工作的共通性，并且消除长久以来形成的心理偏见。明确两支队伍思想政治工作的职能定位，着重寻找两者工作的统一性，总结和借鉴学校开展两支队伍共同协作的成果经验和做法，打通职能部门"各自为政"的局面，落地配套政策，构建一批协同育人工作平台，实现两支队伍在育人领域上的功能、内容和形式上的互补。一方面，思政理论课教师可以担当班导师，负责协作辅导员做好班级日常管理工作，对学生的心理问题及时排解，关注问题学生、特殊学生和家庭困难学生，及时疏导学生的心理问题和心理障碍；思政理论课教师应积极参与学生的班级活动、班会、"三下乡"活动，通过融入学生、亲近学生，让学生感受到关爱和帮助，促进学生的身心发展。思政理论课教师可以把自己实践中遇到的教学教育难题、典型问题形成系统的教学案例，融入思政理论课教学中来，增强教学的亲和力和感染力，让思政课变成学生心中有温度、有情怀、有高度的金牌课程。同时思政理论课教师还可以整合实践育人资源，将实际工作中收集的经典案例进行分析和论证，形成高校思想政治教育的经典案例，扩展思政课教育科研领域和教学改革途径，促进思政理论课教师转变观念，增强思政理论课教师专业化发展。另一方面，高校辅导员在日常学生思想政治教育中应发挥作用，提高学生的思想道德素质，为我校思想政治教育保驾护航。

例如我校开展了思政理论课教师"三联系"制度，一是一名思政课一线教师联系一个班级，担当班级班主任，配合辅导员完成日常管理工作；二是一名思政理论课教师联系一个社团，帮助社团进行行业指导和社团规划；三是一名思政理论课教师联系一个专业，与专业课教师通力合作，打造课程思政与思政课程的同向同行机制。思政理论课教师的"三联系"制度就是高校思政理论课教师与辅导员队伍协同育人的先进典型案例，构建思政元素协同育人的有效平台，可以帮助思想政治教育工作者更便捷、高效开展工作，提升工作成效，实现"三全育人"的教育教学效果。但是，需要特别注意的是，实现辅导员与思政理论课教师协同育人不是简单地相互兼任对方的工作职能，更不是让一方取代另一方，而是将两者的优势有机融合在一起，实现整体育人效果。协同不是简单地相加，而是融合发展。

　　平台的搭建需要制度的保障。在协同育人工作总目标过程中，学校需要构建思政课教师队伍和辅导员队伍两支队伍协同育人的考评机制。构建高效、有力的考评机制是保证两支队伍协同发展的动力。学校党委应积极落实两支队伍协同育人的工作机制和配套考评机制，实现各种激励机制共同推进，通过定性评价和定量评价，实现评价方式多样化和立体化，用科学的考评方式进行综合性评价。对两支队伍的工作实行量化评分，将学生评价、二级院系评价和教师互评相结合，进行综合评价。这有效地避免了考核评价方式的单一化和主观性，有利于促进考核评价的客观性和科学性，促进两支队伍将协同育人工作落到实处，提升队伍工作积极性和主动性，最终实现协同育人的效果。

　　总之，高校要想真正意义上进行立德树人，前提和基础就是开展课程思政，这项工作既复杂又艰难，系统性非常强。教师需要树立思政理念，学校需要制定相应的教学制度，同时要引导辅导员和专业教师协同合作，以行之有效的方式推动思想政治教育工作的发展。

第三节　大学生党建与思想政治教育协同育人机制

　　高校思政工作者需要紧跟时代发展步伐，积极学习、勇于创新，更好地推动党建和思想政治教育协同发展，在新的历史时期开创协同育人的全新发展观。

一、高校学生党建工作与大学生思政教育之间的关系

（一）思政教育与大学生党建工作的关联性

　　在促进高等教育深化改革的重要阶段，为了提升高校毕业生的就业率，为国家、社会培养更多的专业性人才，高校应切实提高思政教育水平，满足社会岗位的发展需求。对于大多数高校来讲，其在开展大学生党建与思政教育工作的过程之中，可以为学生带来更加高质量的服务。所以，在开展党建与思政教育融合的过程之中，必须要明确学生党建与思政教育工作之间的关联，实现二者的相互补充，进而实现为国家培养高素质人才的目标。高校党建部门工作涵

盖了思政教育内容，思想引导、思想教育是党建教育工作的中心环节，二者之间存在紧密关联。在经济环境飞速发展的时代环境之下，国内诸多高校为了使学生顺利完成学业，并在未来的时间范围内顺利步入工作岗位，切实满足企业在人才方面的需求，在思政教育计划进行制定的过程之中，可以适当将一些社会热点话题融入其中，并将这些热点话题作为论点供学生进行讨论以及分析，以便更加深入、全面地理解政治理念。利用此种潜在的融合，可以充分展现思政教育的时代特征，为党建工作的发展提供重要帮助，在潜移默化的环境影响之下，推动党建工作、思政教育工作实现协同发展的总体目标。

（二）思政教育与大学生党建之间存在一定的差异性

高校党建与思政教育在人才培养目标、培养内容方面具有紧密关联，并且还拥有一定的互通之处，但是从工作内涵进行剖析，二者之间具有一定的差异性。换而言之，党建与思政教育在基础理论、工作方式上拥有重大差异，高校党建明确要求，党组织成员要结合国家发展规划、党的各项知识开展重要工作，在各类工作过程之中对自身的行为进行约束，提高自身综合素质与个人修养，帮助学生树立坚定正确的价值观念，充分发挥党建工作的模范带头作用。思政教育实质上是向学生传达党的重要思想，以马克思主义为重要理论指导学生，高度重视政治教育工作。高校开展思政教育的主要目的是为了进一步提高学生的思政意识，把学生培养成为社会主义的接班人，为国家、社会培养更多的人才，为民众提供高质量服务，向更多的人传递正确的思想，营建优良的学习氛围。从二者育人理念以及工作目标的维度进行分析，党建工作与思政教育在本质上仍存在重大差异，二者进行融合的过程之中，必须要进一步明确高校教育工作之间的差异，确保学生可以受到党性的熏陶，促进学生实现健康可持续发展。

二、高校学生党建和大学生思想政治教育的协同育人必要性

（一）有助于加强思想理论教育及价值引领

在党建协作教育和学生思想政治教育中，要继续培养学生的特色社会主义精神，使每个学生都可以清楚地知道，思想政治教育对于老师和学生来说，都是非

常重要的，同时，思想政治教育与党建的协同教育应该是党政工作者和思想政治教师向学生阐释党的先进精神，鼓励学生学习党的先进精神，进而提出高校协作教育背后的德育理念，以培养学生相对完整的核心价值观，同时学生学习核心价值观应在今后的学习和工作中积极实践，加强思想政治理论教育和价值观建设。

（二）有助于提升高校教育工作的整体成效

在思想政治教育协同育人和学生党形成的背景下，旨在鼓励学生创造积极的人生价值观和人生观，促进学生未来的健康发展和成长。秩序井然的传统思想政治教育与现代教育高校党建工作相比，虽然思想政治工作和党建是教育内容的两个方向，它们实际上对学生的思想和行为具有类似的教学效果。这就是为什么在当今的社会环境下，二者的完全结合才能构建出共同的教育模式，在一定意义上可以提高高校党建教育的整体效果，从而使高校党建教育更加有效，每个学生都能充分理解和认同思想政治教育的理念和工作方法，突出思想政治教育的准确性，把思想政治教育制度化、推进化，促进大学生学习，学生党建教育合作形式顺利推进。

（三）有利于大学生党建工作与思想政治工作相互促进、有机结合

党的结构是思想政治工作的基础和中心环节，高校思想政治教育只是把党性教育的相关内容渗透到学生身上，渗透到我们党的文化和学生的优秀精神中去，因此对党的建设内容的学习和理解有一定的局限性，在当前也存在一些问题。高校党性教育与思想政治教育有机结合，教育内容和教育特色都有了很大的发展，促进党建与学生思想政治工作的相互促进和有效结合，能共同提高学生的思想道德水平和政治觉悟。

三、高校学生党建与思想政治教育协同发展问题分析

（一）高校学生党建与思想政治教育协同合作依存度不高

现阶段，有些高校基本上实现了两者在目标和内容上的一致，不过党建和

思想政治教育工作之间没有形成和谐共赢的发展态势，两者各司其职，不能有效配合。在很多高校当中，党建工作的负责部门是组织部，日常工作是组织培训，或是进行考核等，而思想政治教育工作的展开主要由辅导员和专业老师来负责。在党务工作的开展过程中，很多负责思想政治教育的工作者对党建工作漠不关心，并不想参与到党务工作当中，对其也不重视。在他们看来，党建工作主要是组织部的事，组织部应该全盘负责，正是因为这种认知，很多工作都是形式大过内容，虽然在学生中发展了很多党员和积极分子，但是他们的先锋作用并没有发挥出来。有些老师则是将主要的精力放在自己的专业领域，重点进行科研工作，而辅导员则每天都投身于繁杂的日常事务处理中，也没有时间再关注思想政治教育工作。在这样的情况下，高校党建工作开展并不顺利，和思想政治教育也没有能够协同发展，合作平台一直没有搭建起来，所以在人才培养方面没业绩。

（二）高校学生党建与思想政治教育协同创新愿景不足

在互联网高速发展的今天，大学生不管是学习和生活都和网络息息相关，他们的思维结构也因此发生了很多变化。在新媒体广泛应用的今天，传统的教育模式已经不适用时代发展的需求，改革势在必行。不过现在的很多高校，依然采取传统的方式进行思想政治理论传授，老师在讲台上讲，学生在下面听，这种方式比较枯燥，学生的积极性无法得到调动，他们也不想参加到这类实践活动当中，所以思政课的效果也并不理想。

（三）高校学生党建与思想政治教育协同治理监督不完善

在从严治党的影响下，高校开展党建工作也有了新的目标和要求，相关的制度开始完备，组织结构更加优化，党建工作开始正视培养学生党员的重要性，很多学生党员也脱颖而出。不过，需要认识到的是，我国很多高校党务工作者较少，可能辅导员也会随时帮忙，但是辅导员自身也有工作需要完成，所以大多数工作都是由党务助理来完成，这就使得党建监管工作形同虚设，他们无法针对党员进行教育，所以很多党员干部自身没有很强的党组织意识，某种程度上不能起到模范带头的作用。

四、高校学生党建与思想政治教育协同育人的运行基础

高校想要培养出优秀的人才，行之有效的办法就是实现党建工作和思想政治教育的有机结合，充分发挥党建工作的引领作用，重视对广大大学生开展思想政治教育，两者可谓是相互配合，缺一不可，唯有如此，育人工作才能开展得比较顺利。落实到具体工作当中，高校应该积极把握党建工作和思想政治教育的共通之处，两者之间的关系联系密切，让其协同共进，步调一致。

党建工作和思想政治教育之间的统一性主要体现在以下三个方面：第一，发展目标能够保持一致。不管是党建工作还是思想政治教育工作其实都是坚持马克思主义思想，其发展目标就是实现立德树人，为社会主义现代化建设培养合格的接班人；第二，工作方法基本类似。党建工作和思想政治教育都是围绕"人"展开的，都重视对学生的教育，目的性强、方向一致，充分发挥教育的力量，帮助学生在大学时代树立正确的世界观、人生观和价值观；第三，教育内容大相径庭。两者的主要教育内容都包括理论学习、道德修养提升，也会对学生进行爱国主义教育，可能根据学习的对象，相关教学内容会有一些差异，不过总体上是可以保持一致的。

党建工作和思想政治教育工作可以相互配合、互相促进。学生党建工作的核心和要点就是坚持党的基本路线不动摇，在高校落实党的各项方针政策，这也可以为后续开展思想政治教育工作打下牢固的基础。好的思想政治教育工作可以提升学生的认知能力，让他们更加主动和积极地靠拢党组织，为党组织培养更多的优秀人才。从这个角度来说，思想政治教育为党建工作的开展提供了坚实的保障，而党建工作则是对思想政治教育的再度拓展和全面升华。正是因为有了思想政治教育这个坚实的基础，学生党员才能更好地掌握各种理论知识，提升思想认知，充分发挥出党员带头作用。党建工作的开展也能为思想政治教育指明发展方向，可以提升学生的思想高度。从这个角度来讲，内部打造协同育人体系，将党建工作和思想政治教育囊括进来，可以保持高校的社会主义发展方向，有助于高校积极创新，也能落实从严治党的相关要求，为高校的未来

发展铺就一条康庄大道。

五、高校学生党建与思想政治教育协同育人的有效路径

高校在开展思想政治教育协同育人方面需要突出重点和难点，紧跟时代发展的步伐，坚定不移地落实"立德树人"的原则，在工作方法的选择上不必墨守成规，可以机动灵活，旨在更加高效与高质量地完成协同育人工作，打造多元化、多维度、全方位、同向同行的育人新格局。

高校开展思想政治教育工作的根本宗旨和原则就是教书育人，应在校内打造完善的协同育人机制，积极探索发展新态势。在这个前提和基础之上，高校要打造完善的思想政治教育协同育人机制，帮助学生提高认知水平，将"三全育人"的理念真正意义上落到实处。教师应结合学校的实际情况，推动高校党建工作更快更好地发展，同时要重视落实思想政治教育工作的监督职能。高校需要对当前的组织结构进行优化与完善，积极配置各种教育资源，加强人才培养力度，落实统一领导，将各方面的统筹协调工作都一一安排好，这样才能为协同育人工作的开展提供坚强的支撑。

（一）高校要合理把握学生的思想动态，有目的性地开展协同育人工作

高校要对学生的思想发展动态情况进行及时把握，可以多多关注学生的微博、QQ 动态等，对其中的各种思想问题进行收集、梳理和分析，及时掌握学生的情感波动和思想变化情况。在这项工作完成之后，需要对比学生党员的各项数据，对学生思想波动的深层次原因进行研究，最终制定出有针对性的教育方案，为心理波动较大的学生开展思想教育与辅导，争取防患于未然，提前将问题消灭在初始阶段。

（二）以党的政策方针为重要指导，对工作方式、工作思维等进行创新优化

若想实现学生党建工作、学生思政教育工作协同育人的目的，高校应当深入贯彻执行党的教育教学方针，深入贯彻落实科学发展观，将党建与思政工作

进行深度融合，确保二者相互促进、相互推动，进而提升大学生群体的综合素养。与此同时，学校还应当扭转传统思维观念，对传统思维模式进行改进，提高工作模式的科学性以及合理性，实施线性思维模式。线性思维主要是指将认知停滞于对物质的抽象，并不是对本质的抽象，并将该抽象作为着眼点的一种思维方式。由于其属于单相并且直线的欠缺性思维，所以该思维模式无法对一些复杂现象蕴含的规律、本质等进行深入剖析。党政工作者、教育工作者在对一些问题进行分析的过程之中，应当从不同方向、不同途径对各类问题的解决方式进行剖析，与思政教育工作状况进行融合，积极探寻多元化的协同育人方式，开创思想认知的新局面。在开展具体工作的过程之中，要彰显改革创新新思想，对党建工作技巧、工作方式等进行优化，进而实现提高协同育人质量的目的。学生党建工作不但是党组织开展工作过程中的重要堡垒，也是确保思政工作实现长久发展的生命线，在推动思政工作的过程之中，要将两项工作进行融合，为国家、社会培养更多的优秀性人才，为党的发展注入新的活力。

（三）强化协同育人管理机制，构建二者协同发展平台

第一，党建与思想教育应当将社会主义核心价值观念作为核心以及重点，把社会主义价值取向与教育体制、工作机制等进行深度融合，可以把一小部分内容直接引入到思政教材之中，利用案例的形式向学生介绍社会主义核心价值观念的本质所在，提高学生的主观认知。党组织成员还应当对社会主义核心价值观念进行剖析，利用学习的形式提高个人思想意识，强化工作能力。第二，构建合理化、完善化的党建与思政教育协同育人的工作机制，成立专业化的监督与管理小组，对学生的思想动态等进行剖析，明确党建工作内容以及工作效果，并对党建以及思想育人协同模式做出科学化评价。同时，加强高校各个部门之间的沟通以及交流，为实现思政教育、党建工作的融合提供优良的外部环境。第三，高校可以引入现代化网络技术加快推动二者互动平台的建立，通过平台实现思想宣传教育。例如，高校可以开通微信、QQ等平台的账号，将一些党的政策方针以及学校所举办的一些思政活动及时发布于多个平台之中，以便学生可以及时了解、参加，而学生通过此种形式也可以树立坚定正确的价值观念，

对学生的思想动态进行精准化把控，妥善处理思想教育以及党建工作方面所存在的现实问题。此外，网络平台还可以直接作为党建工作以及思政教育工作进行沟通交流的重要途径，将工作开展状况等进行及时发布，制定科学化、合理化的工作规划，实现党建与思政教育协同育人的目的，贯彻落实立德树人的基本任务。

（四）充分发挥朋辈的教育作用，注重理论与实际相结合

对于大学生党员来讲，应当充分发挥模范带头作用，在学习、生活过程之中正确引领他人。与教师相比较而言，学生极易受到与之年龄相仿人员的影响，从某种意义上来讲，共同生活、学习四年的同学会对自己的人生价值观念产生重要影响，所以高校党建与思想政治教育之间实现协同育人可以发挥朋辈引导作用，将一些表现优异的大学生党员树立为典型，通过此种方式影响他人、教育他人，不断提升隐性教育水平，强化协同育人的亲和力。高校思想政治教育工作能否顺利推行，不但体现于学生在党的路线方针、马克思主义思想接受以及认同度方面，同时还体现于学生能否利用自身所学习的知识对实际问题进行处理方面。社会实践作为理论联系实际过程之中的重要形式，可以妥善处理传统思想政治教育过程之中所存在的不足之处，所以高校要加快推动社会实践工作，鼓励学生加入实践教育活动之中，用理论指导实践活动，对理论的科学性以及合理性进行验证，充分激发学生的爱国情怀，利用进一步丰富协同育人内容以及载体的形式，为国家培养更多的优秀人才。

第四节　家风建设与高校思想政治教育的协同育人机制

一、家风教育的理论基础

思想自古以来就是实践的产物，同时也是时代的声音。新时代家风作为思想范畴，它继承和创新了马克思主义家庭观，弘扬了中华优秀传统家风，吸收了中国革命红色家风的精髓，将家风建设推到了崭新的理论境界和高度。

（一）马克思主义家庭观是理论基石

马克思主义家庭观为家风提供营养剂。马克思、恩格斯倡导成立家庭的基础是爱情，夫妻因爱结合，因爱尊重，因爱互信，在平等自由的氛围中营造良好的育人环境。教化是家庭最重要的社会功能，最强有力的家教就是身先示范、言传身教。父母的良好品质中蕴藏着最宝贵的教育力量，这种力量将潜移默化地影响着子女的未来，并使其形成良好的精神气质和人格。同时，家庭氛围的耳濡目染，还能促使子女将家庭之小爱融入社会大爱。

（二）中华传统美德涵养新时代家风

中华传统美德是家风的宝贵精神财富。首先，运用亲情的感化作用。夫妻互敬、父慈子孝、兄谦弟恭是中华民族的传统美德。习近平特别强调，要重视妇女在家教中的地位，提出母亲是家庭最优秀的老师，在家风形成中具有重要作用，在孩子价值观的引导和形成中占主导地位。其次，注重家国一体的情怀。中华民族自古以来都比较重视家庭精神的培育，有着"天下之本在家"的优秀传统文化。家国同构都是炎黄子孙的追求，彰显了中华民族对国家以及家庭的情感联系，同时形成了"仁、义、礼、智、信"为核心的教育要义，塑造了以"清正廉洁、尊老爱幼"等为主要内容的家风文化。

（三）革命红色文化孕育家风底色

革命前辈的英勇奋斗、艰苦朴素的精神是新时代家风建设蓝图的底色。历经一百年的艰苦奋斗，中国共产党人在百折不挠中形成了以忠于革命、忠于人民、爱党爱国、大公无私为主要内容和特征的红色家风，并从优秀革命家的精神世界中凝聚形成了中国共产党人坚毅的品格。因此，丰富的红色基因也对家风教育产生了深刻影响，是新时代家风教育的重要理论源泉。

二、家风建设与思想政治教育协同育人的必要性

家风，经常被称之为门风，大到一个家族，小到一个家庭，都有自己要遵

守的道德规范和行为准则，也包含了多年来沿袭的生活方式与生活习惯，还有诸如言行规范、生活禁忌等都包括在家风之内。这是一种世代相传的稳定性极强的文化风尚。

作为中华民族传统文化，家风教育蕴含着宝贵的教育资源，可以对大学生道德规范以及人文精神产生积极推动作用。

（一）有利于推动高校党建工作的管理创新

近年来，由于高校学生数量逐渐增加，学校管理也存在很大压力，部分学生容易受外界各种因素的影响，往往缺乏正确的思想观念，高校传统管理方法和思路难以适应当前学生发展需求。传统家风教育中涉及的朴素和孝道思想，可以实现学生全面发展，尤其在培养高尚的人格和思想道德方面，符合大学生思政教育的需求，因此，将家风教育融入大学生思政教育中，能够推动高校党建工作的管理创新，促进管理朝着人性化发展，积极适应社会发展需求。

（二）有利于传承我国优秀传统文化

文化作为一种软实力，对一个国家和民族发展有着重要作用和意义。它能够在潜移默化中感染人的思想意识。家风教育作为我国传统文化的重要组成部分，将其融入大学生思想政治教育中，有利于传承我国优秀传统文化，为推进我国文化繁荣提供重要保障。尤其是在优良的家风教育中，包含着先进的思想道德观念，对丰富学生思想有着很大的帮助和指导，高校的主要任务就是为社会培养优秀人才，使其更好地服务社会。文化传承与发展是高校思想政治教育的重点内容。以"红色家书"为例，这种优秀的家风教育可以从内心来影响学生的思想观念，让学生深入理解和认识优秀的传统文化，并投身于社会主义建设当中。

（三）有利于拓宽家风教育途径

大学是学生发展的关键阶段，是学生价值观形成的重要时期，除了家庭教育，就是学校教育。然而，很多学生在离开家庭，走进校园，远离父母时，由于其生活环境发生很大改变，某种条件下会给学生心理造成影响。学生来源于不同家庭，有着不同教育背景，长时间在一起学习和生活，其家风教育思想观念也会受到身边人的影响，难以对其进行有效判断，在思政教育中融入家风教育，可以为部分学生提供思想指导，让其认识到家风教育的重要性，弥补这一阶段的思想落差，同时还可以对不同家庭学生的家风教育进行平衡，从而让学生树立正确的价值观。

三、家风建设与思想政治教育协同育人的可能性

众所周知，家是最小国，而国家则是由千千万万个家庭组成的。如果能够实现家庭和睦和幸福，那么社会的安定与祥和就有了保证，而且，社会文明的实现也是由家庭文明缔造而成的。要想把家庭和国家衔接在一起，最好的途径就是进行家风建设。所谓家风，就是父母长辈教导子女该如何成长，如何做一名合格的社会主义接班人，让他们在人生的第一个阶段就自尊自爱自信自强，这是一项非常有意义的教育工作。在宣传马克思主义思想这项工作中，学校所起到的作用也是非常重要的，高校承担着时代赋予的艰巨责任。尤其是在当前这个历史时期，应该积极推动家风建设和高校思想政治育人的相互融合，实现两者的并行共进，这具有很强的现实指导意义。

（一）同根性

从本质上讲，家风建设和高校思想政治教育植根于中华传统文化。我国历史悠久的民族文化是中华民族不断发展的营养与基础。在这些优秀的历史文化中，家风是"一个家庭的精神内核，也是一个社会的价值缩影。一个家庭的家风体现着各自的价值追求和精神风貌；无数个家庭的家风会聚起来，就构成了一个社会的价值取向和精神状态"①。现阶段，我们的家庭结构和古代相比已经出现了极大的不同，不管家庭结构如何发生变化，良好的家风在创造优秀文

---

① 谢青松，赵娟.中国传统家风家教的传承与核心思想 [J].学术探索，2017（06）：114-
120.

化、规范价值理念方面的作用不会改变。高校在开展思政教育过程中需要与家风建设建立起密切的关系，以创新的方式继承这一优秀历史文化。正是因为有了这种传统文化作为底蕴，家风建设才能和高校思政育人有效地衔接起来，以形成合力的方式更好地培育社会主义新人。

（二）同向性

其实不管是家风建设还是高校思政教育工作，其根本目的和宗旨都是一样的，就是为国家培养高素质、有情怀、爱国爱家的社会主义新人。从层次上讲，家风建设所处的层面要比高校思想政治教育低一个等级，两者的育人方式也不会完全相同，不过其根本宗旨和目标是不变的，就是为了实现中华民族的伟大复兴而培养更加合格的人才。在教育方面，家庭教育起到的是基础和奠基的作用，家庭教育可以为孩子启蒙，让他们从小就形成好的思想品德，具备良好的道德修养。而高校作为专业性较强的育人基地，可以在家庭教育的基础上有针对性地对学生开展道德教育；在当今的高校思想政治教育中，马克思主义理论和社会主义核心价值观是开展育人教育的主要内容，可以对大学生的价值理念形成起到积极影响，其实这也和开展家风建设的目的不谋而合。两者在育人教育过程中有着同样的作用和意义，都是为培养社会新人付出努力，我们要合理解决培养人才的关键性问题，并将相关理论和思想具体落实到实践当中，为民族振兴培养更多的优秀人才。

（三）共通性

所谓教育主体指的是可以在教育过程中有针对性开展教育工作，主导整个教育过程的组织或个人。我国主要的育人场域有家庭和学校，两者之间的共通之处也非常明显。在家风建设中，父母和子女居于主导地位，两者会在教育过程中产生互动，围绕家庭核心价值观展开基础的家庭教育。而在社会主义新时代的中国，在中国梦的引领下，家风建设开始和主流社会价值观逐步接近和吻合，融入国家"大思政"的理念和发展当中。在这个过程中，思想政治教育工作的主体则是由党和国家来承担。不过从作用上看，其和家庭的作用并无很大的不同。总体而言，在家庭教育和学校教育的不断互动中，传统基因逐步和现代价值取向有机融合起来，这也促成了家风建设和高校思想政治教育的完美融合。传统的家风价值理念开始渗透到社会主义核心价值观当中，帮助受教育者在学校阶段形成良好的道德品质，将教育合力的作用充分发挥出来。

四、家风建设与思想政治教育协同育人的实践路径

（一）对家风教育方法进行创新

经济社会快速发展，使得部分大学生价值观受到严重冲击。传统"填鸭式"和"灌输式"教学方法已经不能满足当前教育发展需求，高校就应该对教学方法进行创新与改革，促进教学模式朝着多元化发展。作为教师，要主动与学生沟通和交流，了解其生活和学习需求，找出科学的教学方法，对学习进行家风教育，从而激发学生学习积极性。作为各个高校，要致力于网络教学、实践教学以及课堂教学的开发，实现教学多项互动。特别是要发挥互联网教学的优势，依靠各种教学平台，利用各类文化活动以及班会主题教学形式，进行家风教育，通常情况下，教学平台不但拥有微信和微博等基本功能，而且还有着很多拓展功能，比如，云盘和视频课程等，这种教学方法，在为学生创造良好教学氛围的同时，还能够实现教学的高效互动，提升家风教育的教学效果，更好地对大学生进行思想政治教育。

互联网技术的发展，给人们生活带来翻天覆地的变化，改变了人的生活方式和沟通方式，尤其是各类媒介平台的出现，使得社会舆论发生转变。高校教育中，要合理利用网络平台，对学生进行思想政治教育，进一步推进教育有计划、有目标和有步骤地进行，将优良家风教育内容，通过各个媒介深入到大学生的生活和学习当中。一方面，可以建立相关的家风教育微信群，另一方面，可以创建关于家风教育的微信公众号，这样学生就能够及时学习到关于家风教育的相关知识，从而给学生营造一种好的学习气氛。另外，还可以运用快手和抖音等 App 创建关于家风教育的账号，激发学生阅读兴趣，提升吸引力，让学生主动去学习和效仿，从而弘扬中华传统家风教育文化。

（二）系统整合现有家庭资源

对现有的家庭资源进行系统整合，为开展协同育人打下良好的基础。第一，要积极汲取我国五千年优秀文化的精华，这也是开展家风建设和推动高校思想政治教育的基础与核心。在当代社会，要通过各种新媒体的方式对中华文化进行制作，可以以影音的方式穿插在家庭教育以及高校思想政治教育当中，潜移默化地对学生产生积极影响，"所谓治国必先齐其家者，其家不可教而能教人者，无之"。2016 年 12 月，习近平总书记在会见第一届全国文明家庭代表时指出："中国人历来讲求精忠报国，革命战争年代母亲教儿打东洋、妻子送郎上战场，社会主义建设时期先大家后小家、为大家舍小家，都体现着向上的家庭追求，体现着高尚的家国情怀。"对当前的社会力量进行系统整合，在开展家风教育和思想政治教育的过程中积极引入优秀传统文化，可以打造更为强大的教育合力，稳步提升育人质量。

第二，对高校的优势进行深度挖掘。在我国思想政治教育工作中，高校所起到的作用举足轻重，是培养社会主义接班人的主要场域，聚集在高校中的教育资源非常丰富，可以通过系统的方式对学生进行全方位、专业化的培训，提升学生的认知水平。在高校的日常教学过程中，教师应该有所侧重，将家风文化巧妙地和课程教育融合起来，通过授课、讲座、讨论或活动的方式将这部分知识传授给学生，这样潜移默化的方式可以对学生产生影响，让其潜能得到激发，这样既可以传承优秀传统文化，还能树立当代大学生的文化自信，让他们更有底气。

（三）创建良好的校园文化环境

良好的校园文化环境有利于家风教育的进一步实施。高校不仅是学生生活与学习的主要场所，还是贯彻和落实党的思想方针的重点区域，可以为学生专业知识学习和思政教育奠定良好基础。校园文化环境的创建包含两个方面，一方面，是物质文化环境，针对大学生个体来讲，其思想观念和人生信仰往往是需要依赖某种行为或者物质存在，将物质实体进行有机结合在某种程度上可以为物质文化环境提供依据，比如，可以在高校图书馆宣传关于家风教育的各种故事，也可以在高校基础设施和人文景观设计当中融入家风教育的相关因素，还可以组建相关家风教育文化社团，让学生积极参与其中，对学生进行思想教育。另一方面，是精神文化环境。学校可以定期组织学生参加一些校园活动，在对大学生进行思想政治教育中，各类校园活动作为第二课堂，发挥着重要作用，在校园活动时，可以以"家风教育"为主题，通过微信、网站等形式进行宣传，营造舒适的家庭教育环境，传达家庭精神，从而形成良好的校园学风。同时，还可以鼓励大学生，分享自己身边关于良好家风的相关故事，为学生家风教育提供源源不断的资源。

（四）倾力打造学校联动机制

在学校和家庭之间打造良好的联动机制，为协同育人的发展打下良好的基础。在信息时代，不管是家庭结构、学校教育类型还是学生的心理情况都与之前有很大的不同，所以在家风文化和高校思想政治教育上，也会有很多与众不同的特点体现出来。在这样的情况下，需要实现线上和线下的有机联合，优化资源配置，打造更为完善合理的协同育人机制，将家风建设和高校思政教育巧妙地融合起来。

第一，有针对性地搭建一个线上平台。在这个方面可以发挥网络优势，打造一个网络互动平台将家风建设和高校思政育人联系在一起。比如微信、QQ群等，可以将相关的资料和信息发送到这类平台之上，开展主题讨论活动，从而扩大教育的影响力。在搭建了相应的网络平台之后，家风文化就能够更好地融入核心价值观当中，让两者相互影响相互渗透，这对培养大学生的道德素养和爱国情愫具有十分积极的作用。第二，线下活动也要同步进行。学校可以定期召开联络会，邀请家长、学生一起参与其中，针对具体的问题展开讨论，并将自己的经验所得分享给大家。在这样的互动过程中，家风建设就会和高校思政育人工作联系得更加紧密，学生可以在潜移默化的过程中得到更好的教育。

（五）建立家庭定期交流联络制度

在家庭和学校之间建立密切的交流制度，以常态化的方式推进协同育人工作，这样可以为协同育人工作的开展提供坚实的制度基础。

第一，在家庭和学校育人机制联动的过程中要坚持原则，所有的工作要围绕学生展开，符合大学生的实际学习与生活情况，从他们日常生活的点滴出发，认真研究他们感兴趣的事物，在这样的基础上开展的育人教育更容易取得实效。

第二，具体的操作要严格按照制度来落实，不能形式大过内容。首先，教师家访制度要切实落到实处，这样学生在家庭的表现，老师可以第一时间掌握；其次，落实家长访校制度，让家长走进校园，对学生的日常表现进行了解。当"家校互访"以制度化的方式得以确认，学校和家庭之间的关系就更加紧密，最终释放出来的育人合力也就更加强大。

参考文献

［1］单成巍.大学生思想政治教育视角下高校辅导员与专业教师协同育人对策研究［J］.教育探索，2019（06）：68-71.

［2］孙礼纯."双一流"背景下大学生思想政治教育全方位协同育人研究［J］.黑河学院学报，2019，10（12）：40-42.

［3］杨小洪.大学生党建工作与思想政治教育协同育人模式的建构［J］.智库时代，2019（51）：94-95.

［4］董现聪.高校思想政治教育与创新创业教育的协同育人模式研究［J］.科教文汇（中旬刊），2019（12）：15-16.

［5］王丹丹.增强高校思想政治教育协同育人合力机制的实效性探析［J］.延边教育学院学报，2019，33（06）：14-16.

［6］经姗姗.高校创新创业教育与思想政治教育协同育人的研究［J］.教育现代化，2019，6（A1）：159-161.

［7］张文强.新时代构建高校思想政治教育协同机制研究［J］.国家教育行政学院学报，2019（12）：75-80+89.

［8］卿云.高校思想政治教育的显性与隐性协同育人机制探析［J］.贵州广播电视大学学报，2019，27（04）：42-46.

［9］姜冬乐，郭晓佳.高校辅导员与专业教师协同育人模式研究［J］.辽宁省交通高等专科学校学报，2019，21（06）：57-60.

［10］庞永真.高校档案思想政治教育协同育人机制研究［J］.山东档案，2019（06）：47-48.

［11］肖露."双一流"建设下大学生思想政治教育全程全方位协同育人研究［J］.当代教育实践与教学研究，2019（23）：224-225.

［12］张华，张新惠，静行，等.课程思政背景下专业课教师与思政课教师和辅导员协同育人机制探索与实践［J］.教育现代化，2019，6（97）：101-103.

［13］毛伟娜.协同育人：高校思想政治教育与心理健康教育的有机结合［J］.学周刊，2019（35）：12.

［14］陈晓霞.高校思想政治教育工作存在的问题及解决措施［J］.九江职业技术学院学报，2019（04）：71-73.

［15］谭颖，吴斌，李坚.高校协同育人工作机制实证研究：以华南农业大学为例［J］.法制与社会，2019（33）：202-203.

［16］葛伟伟，杨雪霞.新时代高校大学生思想政治教育课程创新路径探究［J］.开封教育学院学报，2019，39（11）：212-213.

［17］庄伟.试论大学生党建与思想政治教育协同育人模式的构建［J］.法制博览，2019（31）：247-248.

［18］朱孟峰.高校思想政治工作者与专业教师协同育人研究［J］.产业与科技论坛，2019，18（21）：203-204.

［19］吴琼.高职院校学前教育专业教师协同育人的思考［J］.中学政治教学参考，2019（30）：100.

［20］吴雪峰.新媒体时代高校思政协同育人模式研究［J］.管理观察，2019（30）：136-137.

［21］权宁佳.大学生思想政治教育协同育人机制研究［J］.决策探索（下），2019（10）：67.

［22］邓祖禄，李佳.高职院校思想政治理论课与各类课程育人协同效应研究［J］.济南职业学院学报，2019（05）：52-53+59.

［23］刘杰，张哲，焦梦媛.创新创业教育与思想政治教育协同育人的理路探讨［J］.高教学刊，2019（19）：49-51.

［24］代玉启，李济沅.辅导员与思想政治理论课专职教师协同育人理路优化［J］.高校辅导员，2019（04）：34-37.

［25］胡孜，陈璐，江依.研究生辅导员与导师协同人工作机制探究［J］.职业，

2019（27）：26-27.

［26］张琼．高校思想政治教育协同育人机制探析［J］.学校党建与思想教育，
2019（18）：42-43.

［27］赵宏文．新时代高校协同育人工作的实践与探索［J］.当代教育实践与
教学研究，2019（18）：210-211.

［28］李雪超．网络思想政治教育协同育人机制探索［J］.中学政治教学参考，
2019（25）：83.

［29］范娟，陈亮．全员育人视域下高校辅导员与专业课教师协同育人机制研
究［J］.长江丛刊，2019（25）：145-147.

［30］冯刚，高静毅．思想政治理论课与日常思想政治教育协同育人的实践维
度考察［J］.中国高等教育，2019（17）：32-35.